AF620710

8°R
12816.

2f.00

LLECTION DES GRANDS ÉCRIVAINS MILITAIRES

260002

PRINCE DE LIGNE

# PRÉJUGÉS
## MILITAIRES

PARIS
11, Place Saint-André-des-Arts

LIMOGES
46, Nouvelle Route d'Aixe, 46

Henri CHARLES-LAVAUZELLE
Éditeur militaire.

1895

# PRÉJUGÉS MILITAIRES

(EXTRAITS)

8° R
12816

COLLECTION DES GRANDS ÉCRIVAINS MILITAIRES

Prince de LIGNE

# PRÉJUGÉS MILITAIRES

BIBLIOTHÈQUE NATIONALE IMPRIMÉS

PARIS
11, Place Saint-André-des-Arts.

LIMOGES
46, Nouvelle Route d'Aixe, 46.

Henri CHARLES-LAVAUZELLE
Éditeur militaire

1895

## A mon Maître [1]

Je ne vous fais pas assez honneur pour oser vous nommer; vous ne m'avez pas encore assez rapproché de vous pour oser me nommer moi-même. Si l'on veut deviner qui nous sommes tous les deux, qu'on sache que vous êtes le meilleur des généraux et le plus brave des soldats, et moi le premier de vos admirateurs et le meilleur de vos amis.

(1) L'édition originale des *Préjugés militaires* est anonyme. L'auteur s'y intitule simplement : « Un Officier autrichien ». (Cette note et celle de la page 26 sont de l'éditeur de 1895.)

# PRÉJUGÉS MILITAIRES

Il n'y a plus de préjugés sur la religion, il n'y en a presque plus sur la morale : ils sont diminués dans la législation ; ils sont bannis des écoles. La physique a secoué leur joug. Ce qu'on appelle mal à propos philosophie s'est dépouillé des siens. La véritable, qu'on prêchait à Rome et à Athènes, n'en a jamais eu. Pourquoi faut-il qu'il y en ait encore sur la guerre ?

Je ne conçois pas que tant de choses qui peuvent se prouver géométriquement essuient des doutes et des contradictions.

Je m'en vais dire d'abord ce qui est mal. Je dirai ensuite ce qui est mieux. Si je n'ai pas raison dans cette partie-ci, qui est la plus difficile, j'aurai au moins raison dans l'autre, à ce que je crois.

## DES EXCLUSIFS

Je crois tout; je crois à tout... surtout à ce qui m'est défendu. Je m'imagine qu'on a des raisons de défendre, et ces raisons sont presque toujours la crainte d'autres raisons beaucoup meilleures et de la mauvaise foi ou de l'ignorance. L'exclusion est aussi dangereuse à la guerre que dans le commerce; elle y altère l'industrie et nous prive, dans la science que nous cultivons, des moments précieux que la fortune peut nous offrir.

Les gens qui n'ont qu'un principe ressemblent à ceux qui n'ont qu'une affaire : ils sont insupportables.

## DE L'ORDRE MINCE

J'en aime les partisans. Ils sont faciles au moins : ils n'ont point de titres, ils n'en donnent pas, ils ne parlent ni grec ni hébreu. Ils se servent des mots reçus, ils pourraient très bien appeler cet ordre-là l'ordre prussien; mais les Prussiens ne connaissent que celui de leur roi, dont le puissant génie leur faisait prendre les plus prompts et les plus sublimes, tels que les circonstances mêmes l'exigeaient.

Je plaindrais le général qui voudrait faire du romain ou du carthaginois dans une bataille. Les grands hommes de ce temps-là s'allongeaient eux-mêmes tant qu'ils pouvaient. Ils aimaient à montrer un grand front; ils craignaient d'être tournés autant que d'être percés et savaient varier leurs ordonnances. Je ne vois rien de plus mince que ce qu'on oppose à notre ordre mince.

## DE L'ORDRE DE PROFONDEUR

Examinons-le donc, cet ordre de profondeur. Voyons d'abord tous les petits ressorts de cette machine, qui dépend de tant de cordes qu'une seule qui manque la dérange tout à fait.

Qui est-ce qui croit à l'impulsion, à présent? Les soldats se grimperont-ils sur les talons et sur les épaules pour enfoncer plus sûrement un bataillon? Et qu'arriverait-il encore quand il serait enfoncé? Il s'ouvrirait, donnerait passage aux « colonistes », les passerait par les armes, se refermerait, et prendrait tout ce qui serait échappé à son feu; car les véritables « colonistes » ne veulent point se servir du leur et recommandent bien de ne jamais déployer.

Je ne leur parle pas du parti charmant qu'ils font à l'artillerie, parce qu'il y a trop de choses à dire là-dessus (C'est là ce qui s'appellerait battre son ennemi à terre). J'observerai cependant qu'elle fait un furieux effet dans la serpenterie inévitable de toutes ces petites colonnes, dont mille obstacles empêcheraient de faire marcher la queue aussi bien que la tête : l'assurance où l'on serait que c'est la formation ordinaire d'une nation ferait prendre des camps dont le front de l'attaque serait extrêmement étroit. Les têtes des colonnes se joindraient, le canon s'en mêlerait, et cette *rudis indigestaque moles* serait battue avant de se battre.

J'ai demandé à ces calculateurs le temps qu'ils mettaient à parcourir l'espace jusqu'à l'ennemi. Tels efforts que nous fassions et que les amateurs des fifres et des tambours aient jamais pu faire, on peut marcher certainement 150 pas dans une minute; mais on n'en marchera pas 300 dans deux, encore moins 600 dans quatre. Je leur accorde 400 pas dans quatre minutes, et c'est beaucoup. Or, dans quatre minutes, nous faisons seize décharges. Si, pour ne pas plaire aux « colonistes », le général ennemi prend une position un peu élevée, en glacis, par exemple, dont le feu est si meurtrier, je les plains bien davantage. Ils monteront bien plus lentement que des bataillons en front de bandière. Huit ou dix minutes au lieu de quatre, et point de coups perdus ! Les dernières colonnes destinées à soutenir les premières seraient bientôt dégoûtées de cet amphithéâtre de morts.

## DE L'ORDRE MINCE ENCORE

J'y reviens encore avec plaisir, et j'y reviendrai, j'espère, avec avantage, si nous sommes assez heureux pour avoir encore une guerre.

Je condamne les extrêmes. Point de ces boyaux trop longs, de ces cordes flottantes qui ne présentent plus qu'un corps sec et décharné. Si j'avais vu plus de huit bataillons entrer dans le feu à la fois, je ne parlerais pas tant pour cet ordre-ci. Qu'on les double, qu'on les triple, qu'on les quadruple, comment résister à des attaques réitérées de divisions les unes derrière les autres? Le pis-aller est de faire une pour une; mais certainement trois rangs ou plutôt deux rangs qui tirent et qui marchent, remplacés par d'autres, qui le sont par d'autres encore, doivent percer, pénétrer, tuer et emporter partout. Que les « colonistes » donc jettent leurs armes à feu et leurs cartouches, puisqu'ils ne veulent pas s'en servir. Mais je les avertis que, s'ils comptent sur les combats corps à corps, tels qu'on les voit dans les rues de Londres, les Poméraniens et nos Bohêmes sont plus forts que les Gascons.

## DE L'ORDRE FRANÇAIS

Si j'étais Français, je ne voudrais pas lui donner ce nom-là. C'est tout ce qu'on pourrait faire penser d'une nation qui n'aurait pas la même ardeur.

Il est singulier que ce qu'ils appellent « les étrangers » les mènent et les connaissent mieux qu'eux-mêmes. J'en ai bien meilleure idée. Chacun d'eux a certainement la même envie d'atteindre l'ennemi un jour de bataille. Je consens à l'*instinct moutonnier* dans une marche; mais j'ai mauvaise idée de ceux qui l'ont en manœuvrant devant l'ennemi.

La peur forme les colonnes, et c'est le courage qui les déploie. J'ai entendu dire que celle de Fontenoy ne se fit que parce que les deux ailes cherchaient à décliner le feu des batteries qui y étaient opposées. Le centre se trouva une tête, et les généraux perdirent la leur. Il n'y a point d'affaires où je n'aie vu cent colonnes que je tâchais de déformer à coups de plat d'épée et mes caporaux à coups de bâton. Il est sûr que les premiers se croient plus forts, étant soutenus, et que les derniers se croient plus sûrs, ayant tant de chefs de file qu'ils s'imaginent être des parapets. De là, je conclus que, si j'étais Français, je l'appellerais plutôt l'ordre turc, qui est celui de la peur et de la confusion.

## SUR LA CAVALERIE

*De ce qu'elle est aujourd'hui.*

Elle a perdu toute la considération dont elle a joui pendant tant de siècles, et c'est dommage. Je ne veux pas que ce soient des gentilshommes ; je ne les aime pas dans les rangs. Quoique je sois très persuadé que les coups de plat de sabre puissent très bien ranger ce qu'on appelle les cadets, c'est une assez médiocre espèce. Le terme de « maître », qui se donnait anciennement aux cavaliers, faisait voir ce qu'ils étaient. Sans l'être encore chez nous, je voudrais les relever par leur ajustement, par la confiance, le choix des armes et surtout leurs montures.

Ne vaudrait-il pas cent fois mieux n'avoir que vingt mille hommes montés sur des chevaux excellents que d'en avoir cinquante mille qu'une marche, un détachement, un fourrage mettent presque hors de service? Qu'on donne cinquante ducats, s'il le faut, pour un cheval, des polonais, des transylvains, des hongrois, si on en remonte la race, des barbes et des turcs même, s'il le faut; voilà ce que je préfère à tous ces greniers à foin que nous amènent ces juifs d'Allemagne et de Danemark.

Comme tout dépend de la manœuvre et de sa durée, il est clair que six escadrons montés comme des officiers excèderont ceux qui ne le sont pas de même, fussent-ils cinquante. Leur supériorité en nombre ne fera rien que de leur faire perdre plus de prisonniers. Les six premières semaines de campagne, tout ce qu'il y aurait de grand'-gardes d'enlevées et de patrouilles dédommagerait de l'augmentation de prix. Les détachements n'oseraient plus aller à ce qu'on appelle la guerre. La timidité s'établirait si bien chez l'ennemi, que, toujours harcelé, pris, battu en détail, il serait si faible en gros et si diminué, qu'il n'aurait plus même l'avantage du nombre, le jour de la bataille, pour peu qu'on la différât.

### *Du coup de sabre.*

Le cheval occupe sept pieds et demi de long; le cavalier est, par conséquent, à sept pieds et demi aussi du cavalier ennemi. Le sabre le plus long ajouté au bras le plus long ne peut presque pas se croiser : on en a des égratignures au poignet. Cela vaut-il la peine de disserter comment il doit se donner, ce coup de sabre qui n'existe pas?

Les Espagnols pointent, dit-on, les Allemands hachent, les Français appuient, les Prussiens blessent, les Turcs taillent! Les uns tuent, les autres mettent hors de combat!

Erreur que tout cela! Pourquoi parler de ce qui n'arrive jamais? A-t-on vu ces charges imaginaires de cavalerie battre de front l'ennemi? A-t-on vu l'ennemi se retirer en gardant de l'ensemble et pouvoir jamais être entamé ?

Le grand officier à qui j'ai l'obligation de cette réflexion trouva trente dragons prussiens dans un village près de Lignitz, dont il allait reconnaître le camp. Il s'imagina de faire des prisonniers. Ils se retirèrent tranquillement devant deux cents housards qu'il avait avec lui ; les coups de sabre qu'ils essayaient de donner allaient à peine au derrière de la selle. Il fallait bien corriger des principes qui tendaient tout au plus à couper la queue du cheval ou du cavalier.

## *Sur le choc.*

Ne s'imagine-t-on pas des culbutes entières d'escadrons? Ne voit-on pas partir une troupe au galop pour en renverser une autre? Et ne regarde-t-on pas la supériorité de l'impulsion comme une chose irrésistible? N'a-t-on pas toujours entendu dire qu'il fallait mettre la cavalerie sur trois rangs, parce que le troisième pressait les deux autres ? Comme si les chevaux s'avançaient sur les talons les uns des autres ! Comme si, dans cette attitude, ils pouvaient avoir de la force et résister eux-mêmes s'ils étaient prévenus dans le choc !

Les mulets du prince Eugène, dont parle le roi dans ses réflexions sur la guerre, pourraient raisonner ainsi; mais il est singulier que ce soient des généraux de ce temps-là qui aient eu des yeux et qui n'aient pas vu.

Pour moi, qui ne le suis que de ce temps-ci, je n'ai pas vu de combat de cavalerie de bonne foi, parce qu'apparemment personne n'en avait envie; car je sais bien qu'on peut s'entamer quand on le veut bien. J'ai vu des troupes s'arrêter comme à l'exercice, ce qui peut très bien venir de l'habitude qu'elles y prennent, puis se longer parallèlement pendant une ou deux minutes, et se quitter ensuite pour toujours.

Je n'ai jamais compris comment on se représentait le choc. On a cru que c'était poitrail contre poitrail. Cela est de toute impossibilité : que deviendraient les têtes des chevaux, si elles se heurtaient? Ce serait un mouvement bien incertain, et ce qui dépendrait de la tête plus ou moins dure du cheval pourrait être aussi fatal à celui qui attaque qu'à celui qui sera attaqué. Si elles s'emboîtent et qu'elles se fourrent entre les deux épaules du cheval du cavalier ennemi, ce serait encore un autre inconvénient... Et puis, qu'est-ce que tout cela veut dire?

### *Du poids de la cavalerie.*

C'est des mouvements que dépend le succès des combats. C'est de la célérité et de la régularité des changements de front, des formations de flanc, d'une aile qu'on refuse en avançant l'autre : et c'est de la perfection de tout cela que l'on doit attendre la défaite du corps de cavalerie ennemie. C'est lorsqu'il est rompu que, étant mal exercé, il donne jour à celui qui manœuvre devant lui, qu'il prête du faible quelque part, que l'on se mêle et que, tombant dans les ouvertures, on se sert du sabre et du choc. Un cheval en pousse six et un cavalier en sabre trois.

Le meilleur moyen, je crois, pour parvenir à trouver ces vides heureux, c'est en provoquant l'ennemi par quantité de troupes légères, avec qui il fera peut-être la faute de se commettre, et en lui donnant tant de jalousie de tous les côtés, et menaçant ses derrières, qu'on l'oblige à manœuvrer. C'est alors qu'on aura beau jeu et qu'on s'apercevra de la nécessité de l'instruction.

Que conclure de là? Que tout ce qui est pesant en hommes et en chevaux est inutile. Qu'on décore nos arsenaux de toutes les cuirasses de la cavalerie, et qu'on n'y prenne que des hommes de cinq pieds trois pouces tout au plus. Que les chevaux en aient quelques-uns de plus que les housards, et qu'on soit bien persuadé qu'un capitaine de dragons lâché à toute bride peut gagner une bataille.

Comment peut-on charger encore tant de malheureux de tant de fer qui ne fait que les gêner? Celui de derrière n'est fait que pour conserver des misérables qui tournent le dos, et qui ne valent pas la peine de l'être. Celui de devant ne doit pas servir à grand'chose si le général qui les mène a assez d'intelligence pour ne les exposer aux coups que lorsqu'ils seront près d'en donner; d'ailleurs, tout cela, les croix sur le chapeau, et ces bottes immenses et trop bien cirées, les font prendre et achever dès qu'ils sont démontés.

Je ne parle point de feux, parce qu'il ne me paraît pas concevable que, pour quelques coups de feu incertains que l'on tire et qui font si peu d'effet, on perde l'avantage immense de fondre sur l'ennemi avec la plus grande précipitation.

### *De la formation.*

Je suis persuadé qu'il vaut mieux être sur trois que sur deux. Ce n'est point par cette mauvaise raison d'impulsion, qui est tout à fait ridicule; mais pour que le troisième remplace les morts et les blessés, qu'il soit une réserve ambulante, partagée si l'on veut en petites troupes destinées à faire un flanc, ou les premières attaques, les blinqueurs, les flanqueurs, etc., enfin tout ce qu'on voudra. Je suis aussi persuadé que la formation par division est la meilleure; qu'il est toujours plus aisé d'agir avec de grandes répartitions, quitte à les diviser entre elles; mais qu'il est plus avantageux de s'adresser à trois commandants qu'à treize comme autrefois; que les ordres en sont plus prompts et les mouvements plus sûrs.

*Du pansement des chevaux.*

La propreté leur est aussi utile qu'aux hommes. Il n'est pas possible de pouvoir compter sur une cavalerie dont on n'a pas soin. On a tort d'employer le peigne aussi souvent que l'on fait. (Cela paraît désagréable à dire; mais il n'y a point de détail trop au-dessous de soi, dès qu'on traite du bien du service.) On a perdu très souvent les meilleurs chevaux des escadrons par la paresse des cavaliers qui menaient leurs chevaux à l'eau et les rendaient fourbus, ou qui, se contentant de leur verser de l'eau fraîche après une grande course, les rendaient incapables de servir davantage. Ce peigne dont je viens de parler ne doit être employé que pour la crinière et jamais pour la queue. C'est en la prenant par degrés, du haut jusqu'en bas, qu'on parvient à l'éplucher, à ôter les gros crins qui prennent mal à propos la nourriture; et c'est en se servant doucement de l'éponge, la trempant dans un seau d'eau, et la faisant sécher ensuite, qu'on parvient à la rendre belle. On emploie aussi beaucoup trop l'étrille. Elle peut servir pour le dos et les cuisses; mais on a tort de ne pas se servir d'un bouchon de paille, qui convient beaucoup mieux pour la tête et les jambes; et après s'en être servi, la brosse achève entièrement l'ouvrage.

*De la nourriture des chevaux.*

On se trompe bien souvent là-dessus. L'on prétend que le vert affaiblit beaucoup; il est prouvé cependant qu'il purge les chevaux de toutes les humeurs. C'est une préparation bien nécessaire pour les mettre à l'abri de toute maladie. C'est depuis le 25 mai jusque vers le 15 juillet qu'il est très utile, parce que la pointe de l'herbe qui pousse est tout ce qui vaut le mieux. On n'est pas d'accord non plus sur la façon de prendre le vert. De peur qu'il n'arrive des accidents dans les prairies aux jeunes chevaux, on le fait porter dans les écuries. D'autres attachent les chevaux à des piquets dans les prairies, pour qu'ils ne se nuisent pas les uns aux autres, et qu'ils ne gâtent pas trop de terrain. Je crois que la meilleure façon est, malgré tous les inconvénients, de laisser courir les chevaux partout où ils veulent aller, les enfermant cependant dans une manière d'enceinte. Mais plus il y aura de bois et de bruyères, mieux ils s'en trouveront. Et surtout de la liberté. Les animaux en sentent le prix souvent beaucoup mieux que les hommes, et souvent aussi en sont plus dignes. Il n'y a rien de si noble qu'un cheval échappé. Sa figure s'embellit, et je suis persuadé qu'elle contribue beaucoup à lui donner du courage.

On a prétendu que sept livres de paille suffisaient par jour avec sept livres d'avoine et dix livres de foin; mais cela ne suffirait pas pour la paillasse. Ce n'est pas là mon arrangement. C'est trop de foin. C'est un digestif conglutineux qui fait beaucoup de poussifs, de la graisse et point de bonne chair. Six livres suffisent, dix de paille et une razière d'avoine par semaine. Et en en mêlant trois avec l'avoine, on rend le cheval beaucoup plus fort. C'est à tort qu'on s'imagine que cela fait des gros ventres; le cheval moud beaucoup mieux ce qu'il mange, et dévore ordinairement l'avoine avec tant d'avidité qu'il n'a pas le temps de digérer.

On devrait prendre bien plus de précautions qu'on ne fait dans les fourragements de campagne... Le seigle échauffe, surtout lorsqu'il est vieux. C'est l'orge qui fait le plus de bien, lorsqu'elle est jeune, et sa paille est la meilleure de toutes.

### *Du manège.*

Je me suis aperçu que la trop grande attention à conserver l'allure égale dans tous les chevaux retardait leur mouvement et ôtait l'union à force de la vouloir établir. Il vaut beaucoup mieux s'attacher à celle du corps de chaque homme, et laisser trotter quelques chevaux au milieu de ceux qui galopent, et même d'en laisser galoper entre ceux qui ne vont qu'au trot.

On ne considère pas assez qu'il y a deux personnes à traiter au manège. C'est celle qu'on appelle si mal à propos raisonnable qui se forme le plus difficilement. Avec la longe on peut faire tout ce que l'on veut des chevaux. On ne saurait trop s'en servir : il n'y a point de caprices, de vices même, qui y tiennent. Il pourra rester des gaités aux chevaux (c'est même très bon signe : j'aime les gens gais), mais il n'y aura plus de méchancetés. Un paysan roide par le travail a bien de la peine à suivre les mouvements qu'on lui indique. Il ne faut pas songer à l'instruire en même temps que le cheval. Il faut en donner un dressé à un cavalier qui ne l'est pas, et donner le cavalier qui l'est au cheval qui l'est le moins. Il faut se méfier des écuyers qui, à force d'aides, gâtent l'homme et le cheval ; il faut leur apprendre à aller droit devant eux, à ne craindre rien dans le monde, à nager et à sauter.

Il n'est pas possible non plus d'approuver les passades, les têtes au mur et les replis tortueux que l'on impose à une partie du corps du cheval. Cela lui ôte de sa force, de sa vitesse et de son impétuosité. Comme il n'y a presque jamais qu'une ligne perpendiculaire à décrire, c'est droit devant lui qu'il faut le placer. Si on ne craint point de faire de la dépense pour la remonte, j'aimerais mieux encore qu'on l'estropiât à sauter des fossés qu'au manège, et, si l'on n'appréhende pas de le fatiguer, j'aime encore mieux que ce soit à monter et descendre des montagnes au grand galop qu'à faire des pirouettes et des voltes sans fin.

## *Des haras.*

Ils coûtent beaucoup et servent peu. Il n'y a que le premier achat qui sera cher. Trente étalons qu'on règlerait dans leurs mœurs, car il ne faut pas les abandonner à toutes leurs fantaisies, seraient répandus dans un pays de montagnes; trente autres dans un pays de bois ou de marais. Les juments ne coûteraient rien; les paysans les fourniraient et garderaient les poulains qui ne conviendraient pas. La Cour prendrait ceux qui à deux ans promettraient beaucoup, les laisserait s'endurcir à l'air, aux difficultés et au terrain pendant deux ans et aurait une espèce parfaite de chevaux. Il en faudrait d'anglais de la grande taille, parce que cela va toujours en diminuant, des Cartches qui sont excellents, des Siebenbürgen, etc. En temps de paix, ce seraient des dragons en semestre qui auraient soin du haras, à qui je voudrais laisser l'air de sauvagerie qui donne tant de courage aux hommes et aux chevaux.

## *De l'exercice.*

Celui que l'on fait dans toutes les armées connues est tout ce qu'il y a de plus mauvais : on fait attaquer par la cavalerie différentes troupes devant lesquelles elle est obligée de s'arrêter. C'est une habitude que les chevaux ne prennent que trop aisément, et même les cavaliers, quelquefois plus chevaux que leurs chevaux mêmes. Ils sont souvent bien aises de ne les pas gêner en cette occasion. Je sens bien qu'on ne peut point, pour les former, écraser un régiment d'infanterie auquel ils auraient affaire dans une manœuvre d'exercice; mais, pour ne point leur apprendre à respecter quelques mauvais bataillons carrés, ou quelques régiments de cavalerie de la même force qu'ils ont devant eux, je voudrais qu'on les fît d'abord trotter assez longtemps, pour que les chevaux, se serrant assez d'eux-mêmes l'un sur l'autre, ne pussent plus se désunir; qu'ensuite mis au galop avec la plus grande force, rien au monde ne pût les retenir, et que, après avoir culbuté dans leur course des paillassons qu'on leur mettrait au lieu de bataillons, ils ne s'arrêtassent que lorsque les chevaux n'en pourraient absolument plus.

## SUR L'INFANTERIE

### *Du feu.*

Il me semble qu'on compte un peu trop sur son feu. Je suis bien éloigné de croire aux baïonnettes, malgré tous les beaux traits qu'en racontent les Français dans toutes leurs guerres. J'ai assez vu, pendant celle que j'ai faite, qu'il était presque impossible d'aller attaquer une troupe ennemie en plaine sans tirer. Celle qu'on y mènerait serait écrasée, cela est tout simple, et (excepté l'affaire de Gorlitz, où, sans nous en douter, les Prussiens et nous, grimpant le Holtzberg chacun de son côté, j'ai eu des soldats de ma compagnie qui donnaient et recevaient des coups de baïonnette), nous n'avons jamais rien vu qui en approche dans nos armées autrichiennes. Je voudrais qu'elle servît à la défense contre la cavalerie, et cela n'est guère possible, vu son peu de longueur et de fermeté. Cependant soixante coups sont bientôt tirés, et il n'y a plus de ressource pour l'infanterie qui a épuisé ses cartouches. C'est pour cela que j'ai proposé un moyen bien sûr pour qu'elle en trouve une autre, à laquelle personne n'a pensé jusqu'ici.

S'il ne s'agissait que de faire du bruit, on serait déjà au-dessus de ses affaires. Plus de progrès, plus d'instructions, plus de remarques. On fait semblant de tirer soixante cartouches à la bataille, car on en jette la moitié; on en tire autant à l'exercice, et Dieu sait où. L'*Essai sur la Tactique* m'a fait faire des réflexions sur la ligne de tir et sur celle de mire. Les réflexions sans des épreuves ne serviraient pas à grand'chose dans notre métier. Je viens d'y éprouver une division d'un de mes régiments vis-à-vis d'une division en peinture de troupes de... (Car je ne sais encore quels sont nos amis et nos ennemis.) Chaque homme avait 10 cartouches, de sorte que nous avons tiré 1.440 coups de fusil. De ces 1.440 coups, il y a eu 270 balles dans la toile, où j'avais fait peindre huit pelotons de six pour me faire un front égal. C'est grâce à mes soins infinis que j'y suis parvenu. Nous visions pour les soldats, et notre visière était la suite de nos calculs. On trouva qu'à 100 pas il fallait ajuster aux genoux, à 150 à la boucle du ceinturon, à 200 à la poitrine, à 250 à la moustache, et à 300 un pied au-dessus de la tête. Je ne répèterai point ici tout ce que l'auteur de l'*Essai* dit d'excellent sur les deux lignes sécantes des deux angles différents. Nous nous sommes rencontrés si souvent sans nous lire que ce serait dommage à présent de nous copier. C'est la vérité qui, de deux armées bien éloignées, nous a rapprochés l'un de l'autre.

Ce que j'ai prouvé par-là avec plus de plaisir à cette division et au régiment qui nous regardait, c'est que, dans ces 270 coups de fusil que la toile avait essuyés, il n'y en avait pas 30 de mortels, et il y en eut plus de 60 qui passèrent dans la toile par les intervalles de la tête et des jambes. J'ai remarqué que cela encourageait ceux que j'ai toujours excités jusqu'à présent à mépriser le feu de l'ennemi. Il est plus à mépriser que jamais, s'il ne fait pas l'attention que M. Guibert et moi nous voulons qu'on fasse à ce qui décide, dit-on, de la victoire.

Une autre expérience que j'achève dans l'instant, c'est que, après avoir fait tirer dans des cibles avec tout le soin imaginable, nous sommes parvenus à y faire entrer plus de 300 balles de 2.520 que nous avons tirées, c'est-à-dire plus d'un huitième. Dans ce nombre, il y en a eu 28 dans le noir. Chaque soldat n'avait que trois cartouches. J'ai fait faire la première décharge, homme par homme, chacun tirant pour son compte, et les deux autres par file, commandée comme à l'exercice. Nos cibles étaient à 200 pas de mes dix compagnies, qui chacune en avait une vis-à-vis d'elle, et j'observais la règle, que la première épreuve m'avait enseignée, de tirer un demi-pied au dessous du noir, qui était à six pieds de terre. Je ne sais par quel hasard on tira mieux par file que séparément. De vingt-huit files il y eut jusqu'à 22 coups dans le blanc et 2 dans le noir. Cette compagnie même eut 39 balles dans sa cible.

Tout cela doit encore persuader d'attendre longtemps pour faire sa première décharge, et si après plusieurs exercices semblables on la réserve à l'ennemi à cette distance-là, il y a à parier qu'il n'ira pas plus loin. Ce serait bien le moment alors de marcher à lui et de profiter des ouvertures que cette salutation doit produire dans son front.

On devrait aussi faire attention aux soldats de tirer beaucoup plus haut à la cavalerie. Une masse, par exemple, qui s'ennuierait d'être tourmentée, pourrait très bien se déployer, tirer à six hommes de hauteur, les trois premiers rangs mettant genou à terre. Il y a encore bien moins de risque à tirer sur autant de profondeur, si la cavalerie est éloignée, puisque, si elle est seulement à 600 pas, on peut élever le fusil jusqu'à dix pieds au moins : la balle finira sûrement sa parabole aux dépens de l'homme ou du cheval.

*Des armes blanches.*

Que peut-on espérer d'une petite arme, qui n'est ni offensive, ni défensive, qui ne sert qu'à estropier du monde à l'exercice, et à crever les yeux de quelques malheureux en marche, car il y a de ces dormeurs qui laissent relever la crosse de leur fusil !

Je sens bien que ce qui a beaucoup séduit en sa faveur, c'est l'avantage de pouvoir s'en servir et de faire feu à la fois. Mais qu'est-ce que c'est qu'un coup de fusil mal assuré, après lequel on ne peut plus espérer de résister à la cavalerie, à qui la baïonnette doit en imposer bien peu ? Le cheval, en s'y enferrant, tombe dans les rangs, si tant est qu'il en soit blessé mortellement, ce que je crois bien difficilement, et l'incertitude du fantassin sur le parti qu'il prendra de ne se plus servir de cette arme, ou bien de charger encore son fusil, fait qu'il ne se sert ni de l'un ni de l'autre. J'aimerais cent fois mieux qu'on décidât davantage les deux manières de combattre.

On verra ailleurs ce que je pense à cet égard.

### *De la ligne oblique.*

Il ne faut pourtant pas en avoir la tête tournée. Il n'y a rien de si aisé que d'en abuser; avec la volonté de prendre ainsi tout le monde en flanc, on peut très aisément le prêter soi-même : et d'ailleurs, il faudrait être bien bon pour laisser porter sur une aile plus de troupes qu'on n'en a soi-même. On en fait autant, et on finit, comme on a commencé, à être encore en ligne parallèle. D'ailleurs, où trouve-t-on des plaines pour faire de ces contredanses-là ? Il faudrait celles de Ketschkemet : on pourrait y faire des obliques de cent bataillons et puis tous les changements que je viens de dire, qui arriveraient nécessairement, et qui iraient même insensiblement jusqu'à des changements de front. Qu'on ne se donne pas tant de peine non plus pour la formation des obliques. Un homme qu'on fait sortir des rangs et qu'on place comme on veut, le long de son épée, peut donner l'alignement de dix mille hommes. Si l'on prétend assurer davantage le degré d'obliquité, une demi-compagnie qu'on aligne suffit pour l'alignement d'une armée entière. Que tout le reste coure à cette ligne, et, — au lieu de faire tant de points de vue ambulants, incertains, qui dépendent d'une mouche qui pique le cheval de ces aides de camp, dont on parle tant à présent, — que les généraux et les officiers d'état-major menacent en courant à bride abattue tous les bouts des pieds qui passent la ligne : leurs chevaux s'y accoutumeront, et elle sera bientôt au cordeau. J'ai encore un vieux cheval turc qui a fait toute la guerre, qui, sans être aussi habile dans la conduite d'une armée que la pie de M. de Turenne, l'alignerait tout seul, si on le laissait aller.

Je n'ai pas encore vu plus de six bataillons s'engager à la fois. On m'avouera que ce n'est pas la peine d'aller pour cela jouer ce grand jeu renouvelé des Grecs : comme on les accommode! et tout ce qu'on leur fait faire! C'est ainsi qu'Epaminondas, que Philopœmen... On les voit comme on les veut voir, et il n'y a pas un seul de nos modernes écrivains, qui, pour tel sentiment qu'il ait, ne cite les anciens. Les « colonistes » ont vu partout des colonnes. Les obliqueurs parlent sans cesse de Leuctres et de Mantinée. Quand on a coulé à fond les Grecs, on passe aux Romains. Quel fond peut-on faire sur des relations de temps si reculés et presque fabuleux? On défigure de nos jours la colonne de Fontenoy, ou plutôt on donne une figure à ce qui n'en avait pas. On appelle bataillon carré ce que je vis former (ou plutôt déformer) d'infanterie à Colin. Ainsi du reste. On a vu des mines chez ces vieux prédécesseurs! C'est tout dire. Imagination pure que tout cela! Je ne crois et ne vois de vrai que, lorsqu'on réduit une bataille en affaire de poste, ainsi qu'on doit toujours faire : on se porte au plus vite en masses sur le point nécessaire à emporter, et on y développe les deux ou trois bataillons, qui en sont tout au plus la largeur, sur une aile, si l'on peut, en refusant une des siennes. Comment voudrait-on marcher en ligne oblique?

Si son aile et celle de l'ennemi sont à peu près au même point en marchant, on se fait prendre en flanc. Si on la dépasse, l'ennemi n'a qu'à former un flanc retiré qui y fera front, et charger de côté tout le reste, dont on peut séparer les troupes qui l'ont débordé. D'ailleurs, il a une seconde ligne et de la cavalerie qui manœuvre suivant tous les mouvements, et qui a bientôt tourné tout ce qui, étant en marche, ne mène pas avec soi ses appuis d'aile. Et puis, les réserves! D'ailleurs, en faisant une ligne oblique, on la fait faire aussi à l'ennemi : on lui refuse l'aile gauche; mais, par la même raison, il refuse l'aile droite.

Si ce n'est pas, ainsi que je l'ai dit plus haut, un déploiement prompt comme l'éclair et écrasant comme la foudre, sur une aile prise presque à dos, je n'entends pas le parti qu'on peut tirer de ce qui fait la base de tant de livres et de conversations soi-disant militaires.

Je veux bien qu'on menace de l'oblique, et qu'on le fasse même comme je l'entends, mais je préfère des divisions qui marchent presque en échiquier, les unes derrière les autres, ou plutôt en échelons ou espèce de gradin qui puisse converser à droite ou à gauche, se mettre en petites masses, ou courir en front et en ordre. S'il y a une ouverture, on en profite, on l'augmente. S'il n'y en a pas, on en fait. On gouverne aisément une troupe qui n'est ni assez allongée ni assez profonde pour que le mouvement en soit embarrassant.

### *Des points de vue* (1).

Le soleil des militaires a éclairé d'abord son propre horizon : cela est tout simple. Un grand roi, qui parcourt une ligne au grand galop, trace l'alignement de son armée. Je conçois cela. D'autres officiers le rectifient en le suivant. Je vois bien que cela sert à former beaucoup plus tôt 40.000 hommes en bataille. Tout est dit avec cela. Comment fait-on des Mémoires et des Essais pour prouver une vérité incontestable? Toujours des monstres à combattre? Et l'on se fait ces monstres. L'on ne voit que des Bellérophons d'opéra, qui font des Chimères de carton, pour les défaire devant deux ou trois mille spectateurs.

(1) C'est-à-dire : des « points de direction ».

Il est clair que plusieurs points font la continuité de la ligne; qu'il en faut au moins trois pour la décrire, qu'il faut les répéter souvent si elle est longue. On a eu l'air de l'avoir oublié tout d'un coup, et quand un officier de la plus grande espérance, rempli de talents et qui a très bien vu, l'a dit à une nation, elle a ouvert les yeux et les aides de camp sont partis au galop; les aides-majors ont suivi comme ils ont pu, et l'on a cherché des moulins, des potences et des églises. C'est très bien fait pour quarante mille hommes, pour une grande armée : mais des banderoles de temps en temps, si le terrain empêche la ligne de se voir, seraient plus sûres que le brin d'herbe, la pierre, le clocher qu'on cite si habilement, qu'on ne trouve pas toujours et qui, lorsqu'on va en avant, n'est jamais parallèle avec cet autre brin d'herbe, cette autre pierre, cette tour, etc., que d'autres s'imaginent être la vraie perpendiculaire. Il n'y en a de certaines que sur le papier.

Je viens de parler de banderoles : c'est que je voudrais qu'il y en eût quatre à la suite de chaque général. Ce serait d'abord comme marque d'honneur, ensuite pour savoir partout où il est, et puis pour marquer ou changer les directions. Je sais bien que quantité de points qui marchent à des points qui marchent de même n'en font pas une : mais on pourrait, s'il est nécessaire, les fixer et être sûr de prendre l'alignement, le front ou l'obliquité qu'on voudra. Il y a une armée où la fureur des points de vue a été si loin qu'on prenait tout ce qu'on trouvait, même une charrette qui allait toujours et sur qui on était étonné de ne pouvoir pas aligner une aile. Les banderoles seraient des espèces d'étendards, se verraient de loin et serviraient à merveille dans des terrains inégaux : il n'y aurait rien de mieux que cela.

Je permets tous les moyens possibles à l'exercice. Jeu d'enfant pour jeu d'enfant, cela est égal. D'ailleurs on s'aide comme on peut. Que tout ce qui donne de l'aisance aux uns et de l'intelligence aux autres soit mis en usage. Mais qu'on n'y compte point trop. Dans les simulacres de guerre, la tiraillerie qu'on fait de pied ferme, ou même en avançant, n'instruit guère. Il faut des mouvements sur les flancs, des mélanges d'armes et des changements de formation. Mais cependant, pour en venir au point d'employer tout cela, il faut bien marcher pendant quelque temps de front à l'ennemi. Voici ce que je recommanderais dans les camps de manœuvre, pour qu'on s'en souvienne dans nos beaux jours de fête à la guerre. On dira à quelques colonels de marcher droit à tel drapeau, ou droit à tel canon. Le général cherchera telle ouverture de bataillon, ou telle hauteur pour le point de vue des autres, et quand on s'accoutumera ainsi à aller où il est essentiel de se porter, on remportera des victoires. Si les bataillons qu'on va attaquer étaient aussi forts que les nôtres, on pourrait dire aux *Fahnen Cadet* de marcher à ceux de l'ennemi, et aux capitaines des ailes de marcher aussi à ceux de l'ennemi. D'ailleurs, il serait maladroit et fatigant de faire déployer ses colonnes à plus de 1.500 pas : c'est l'affaire d'un quart d'heure, et un quart d'heure est bientôt passé. On ne s'approche guère à 200, malheureusement. On en marche 400 sans se voir. Et assurément, quand le feu commence, même celui de la canonnade, il est difficile de chercher le brin d'herbe et la pierre; et, quand même on les aurait trouvés, la réponse du canon de l'ennemi dérange furieusement les rayons visuels. Adieu la géométrie des yeux : heureux encore quand le reste des sens ne se trouve pas intercepté! La fumée et la direction des batteries peut annoncer qu'il faut y marcher. Voilà un point de vue, lorsqu'on n'y voit goutte : et les banderoles augustes de l'honneur se découvrent toujours assez pour qu'on y porte son centre. On pourrait, à cette occasion, dire qu'il vaut mieux le pousser en avant que les ailes, qui prêteraient le flanc si le centre était en arrière. Il vaut mieux que celles-ci arrivent comme elles peuvent et comme le terrain le permettra : c'est au centre à frapper tous les grands coups. Si la division des drapeaux est bien ensemble (ce qui est aisé à obtenir), si l'on y porte presque toute son attention, les deux autres, se réglant sur elle, y seront aussi. Le premier des principes est qu'il n'y ait ni ouverture ni flottement; et tous ceux qui songeront trop à l'alignement et aux points de vue y seront beaucoup plus exposés que ceux qui tout bonnement, soit un peu trop en avant, ou un peu trop en arrière, mettront plus d'importance à ce que chaque soldat ne serre ni n'abandonne son voisin. Les files ouvertes sur une ligne d'infanterie seraient dangereuses par le flottement; mais aussi le pressement est bien à éviter. Mais qu'on n'exige point trop sur rien. — On exige beaucoup pour être sûr, dit-on, d'obtenir quelque chose. — Erreur que cette maxime! Qu'on n'exige que ce qui est praticable, et qu'on soit terrible, un jour d'exercice et un jour de bataille, si on ne l'exécute pas.

### *De la vitesse.*

On ne saurait prendre trop de précautions en établissant des principes sur la guerre; et, si les deux seuls hommes que je connais en état de faire un Code militaire parfait s'en donnaient la peine, je leur dirais à tous les deux : « Prenez garde aux interprètes, aux commentateurs; soyez vous-même et le texte et la glose. » On recommande avec raison la célérité dans le feu et dans la marche; mais a-t-on soin de dire que l'une et l'autre peuvent être très nuisibles à la guerre? Il ne faut pas à l'exercice assujettir tellement le soldat à cette habitude qui fait, ditou, la seconde nature, qu'absolument il tire, charge, retire et recharge comme s'il n'avait pas eu une volonté déterminée une fois dans sa vie. Nous éprouvons tous les jours qu'au bout de trente coups, sans être tirés même prodigieusement vite, on ne peut plus tenir son fusil dans la main. A quatre coups par minute, ce qui n'est pas bien fort, un régiment, au bout d'un demi-quart d'heure, ne pourrait plus tirer. Il lui resterait cependant encore autant de cartouches, et, après un repos qui serait peut-être très dangereux, on serait pour la seconde fois tout à fait sans feu : car, je ne sais si je l'ai dit ailleurs, il ne faut pas compter sur les réserves de munitions. Supposé qu'on exécute un jour de bataille aussi parfaitement les feux en avançant que dans les camps de paix, après avoir tiré ces trente premières cartouches on n'aura fait que cent pas, et si même on pouvait parvenir à rafraîchir les canons des fusils, au bout de cent autres pas on aurait tout tiré. Il faudrait cependant avoir bien peu d'humeur pour ne pas recommencer à trois cents pas de l'ennemi, car il est certain qu'on aurait perdu bien du monde même avant d'y arriver. Que ferait-on à cent pas de lui sans feu, si lui surtout a encore dans ce moment-là trois bonnes décharges à faire de pied ferme ; car c'est alors le seul cas où il faudrait tirer et charger vite ? Je suppose que la troupe dont je viens de parler se mette à courir à cent pas, n'ayant pas de munitions, et étant par là obligée d'aller à ce qu'on appelle l'arme blanche : quand même dans la plus grande vitesse de l'ennemi il ne tirerait qu'un coup pour quinze secondes, le bataillon qui irait l'attaquer serait si éclairci et si en désordre que, ne pouvant être encore alors qu'à huit ou dix pas de lui, il n'irait pas, dans le mauvais état où il est, déranger des gens qui jusqu'alors ont eu le plus grand ordre, et qui ont la même ressource de la baïonnette à opposer ; et puis que serait-ce que ce combat de baïonnette à baïonnette? Quel serait ce genre d'escrime? Pendant que ces pauvres athlètes, déjà tout harassés par tant de marches, essaieraient des coups mal assurés et jamais appris, dix housards qui viendraient les feraient tous rendre prisonniers de guerre.

Il n'y a qu'un changement de front, si le flanc est menacé, une batterie à emporter, un appui à prendre, une troupe à soutenir, qui autorisent, non seulement à aller vite, mais à courir, s'il le faut.

Il n'y a aucune troupe qui, se voyant prête à être attaquée par la cavalerie, ne se dépêche à tirer et charger le plus vite possible, pour lui faire le plus grand tort; elle peut même commencer alors sa tirerie à 600 pas. Si je la commandais, je recommanderais mes ailes à mes voisins, parce que je me priverais tout de suite de la moitié de mon front en m'y mettant à six. Le besoin de l'ordre, qu'il serait aisé de faire voir à l'infanterie de conserver dans ce moment intéressant, pourrait faire croire qu'elle ne le perdrait pas. On serait bien sûr qu'avant que le sixième rang eût tiré, le premier rang aurait chargé. Je ferais plus même : pour que le feu fût plus meurtrier (car c'est alors qu'il faudrait faire un tour de force), les deux premiers rangs tireraient genou à terre et y chargeraient; les deux autres tireraient debout et se jetteraient à terre pour charger, et les deux autres tireraient et chargeraient debout. Comme dans cet espace de six cents pas à parcourir pour la cavalerie, il y aurait bien des chutes, soit par les morts, les blessés, le terrain, la peur et la maladresse, elle n'aurait pas en arrivant un front bien imposant à présenter. La nouvelle difficulté à vaincre de percer six hommes que la crainte aussi, si ce n'est l'honneur ou la discipline, rend immobiles comme un mur, l'arrêterait au moment où des décharges à brûle-pourpoint en rendraient bon compte. C'est pour se mettre à six hommes de hauteur qu'il faut faire plus de cent vingt pas par minute dans une occasion aussi critique, et c'est alors qu'il faut tâcher de tirer cinq coups dans une minute et même charger le sixième, ce qui peut se faire à toute rigueur.

J'ai entendu dire à celui des deux hommes dont j'ai parlé plus haut qui n'est pas sur le trône, qu'il voulait parler à des officiers et non à des machines, qu'on ne pouvait pas tout prévoir, que le bon sens était le premier des règlements à suivre, que tout dépendait des circonstances, et qu'il n'y avait trois pas dans notre exercice que pour prouver qu'il fallait aller plus ou moins vite suivant la nécessité. Quoique mon naturel à moi soit d'aller toujours extrêmement vite, je me sentirais pourtant très fort capable de ne faire que 15 pas ou 30 pas dans une minute, soit pour faire croire à l'ennemi que je suis lent dans mes mouvements, soit pour en cacher un autre que je ferais faire à ma seconde ligne.

Mais ne dirait-on pas, à entendre, que les batailles sont à deux ou trois minutes près ? Vous verrez qu'on a quelque chose de mieux à faire ce jour-là. Encore si c'était pour poursuivre qu'on fût ainsi la montre à la main ? Et voilà précisément ce qu'on ne fait pas. Il n'y a plus personne qui arrête le soleil ; il n'y en a pas davantage qui en sache profiter.

## *De la poursuite.*

*Scis vincere, Annibal, victoria uti nescis ?* disait un Maharbal. Et que faisait-il donc de ses Numides ? Gagner une bataille me paraît l'effort suprême du plus vaste génie ; mais remporter la victoire est de celui qui a les deux audaces de corps et d'esprit. Eh ! comment ose-t-on arborer les livrées de l'honneur sans ces deux qualités réunies ?

Nous devrions être bien plus difficiles à prendre des compagnons d'armes que de tristes assemblées de filles nobles et laides à en accepter d'autres parmi elles. Un officier médiocre qui a ces deux parties-là est plus propre à la guerre que le général qui y apporterait le plus d'esprit et le plus de connaissances, et qui serait dépourvu de l'une des deux.

Ne pourrait-on pas diviser les troupes qui composent l'armée en trois parties? La meilleure serait au centre, destinée à soutenir celle qui est un peu moins bonne et qui serait en avant; la moins bonne serait troisième ligne en réserve et destinée à poursuivre. C'est tout ce qu'il y a de plus aisé un jour de bataille gagnée et un procédé sûr pour rendre ces troupes-ci aussi parfaites que les autres. Il est nécessaire de mettre très souvent les soldats en curée. Les premières troupes qu'on lâcherait comme des enfants perdus et qui sauraient qu'elles sont soutenues par les intermédiaires, qui sont l'élite de l'armée, tiendraient beaucoup plus longtemps qu'on ne s'imaginerait. Que de moyens pour monter les têtes! Et qu'il est aisé alors de démonter celles des autres! Mille Cosaques qui n'oseraient pas tenir devant deux cents housards peuvent détruire vingt mille hommes de cavalerie battue.

— Mais ceux qui ont gagné la bataille, dit-on pour s'excuser, sont aussi fatigués que ceux qui l'ont perdue : mais il y a des généraux de blessés... — Il n'en faut pas. Qu'on donne un bon cheval au premier lieutenant de Croates que l'on rencontre, qu'il crie : Vive Joseph II! et qu'il mène une horde quelconque de gens de bonne volonté à pied ou à cheval, que l'amour du butin lui fera même trouver peut-être alors! — De l'ordre, dira-t-on... — Ce n'en est plus le temps : il y a apparence qu'il y en a eu, puisque la bataille est gagnée; il y a apparence qu'il n'y en a pas dans l'armée de l'ennemi, puisque la bataille est perdue, et, à désordre égal, il n'y a pas à parier pour ceux qui tournent le dos. Pendant que ces premiers poursuivants se détachent des régiments qui ont été presque mêlés et qui ont été le plus dans le feu (c'est là qu'il faut plus de 120 pas par minute!) on peut faire venir, du centre ou des ailes, les bataillons qui n'ont pas chargé. Le fond de l'armée ensuite entretenant, nourrissant et poussant tout cela par des corps intermédiaires, avancerait lentement avec son infanterie, qui a le plus souffert; car il est tout simple que toute la cavalerie serait en avant : il n'y aura pas même d'excuse, puisque, si celle qui est battue n'a trouvé ni marais, ni précipices, celle qui a battu ne doit pas en trouver davantage. Et puis il ne faut pas qu'elle respecte tous les bois indifféremment : il y en a de tellement éclaircis par le voisinage des armées, ou si peu fourrés naturellement, que l'on y peut marcher presque par escadron. Lorsqu'on ne les voit que de loin et garnis d'infanterie, on les imagine souvent fort épais et qu'elle y est inattaquable. Les housards de Ziethen m'ont convaincu de ce tort. Je les ai vus passer et repasser, sabrant toujours nos braves Varasdins, dans une prétendue forêt pareille à celle dont je vous parle.

Des gens plus sages en apparence, les officiers qui écrivent au lieu de faire la guerre, les compilateurs compilant les compilateurs, ont de bien belles choses à dire sur les retraites. Un grand roi a dit qu'il ne s'y connaissait pas. S'il l'a entendu comme moi, il a bien raison. Je ne conçois pas comment on peut en faire, si on a affaire à un homme entreprenant et si on l'a été soi-même dans le commencement. Car, si l'on a attaqué un instant et qu'on ait songé à perdre la bataille au lieu de la gagner, il est tout simple qu'on peut en faire une; mais alors il ne faut point appeler cela donner bataille, mais seulement faire une marche rétrograde. J'en dis autant de tous les camps que l'on prend en s'éloignant de l'ennemi. Je prétends qu'on dise alors avoir fait une marche en arrière, mais point une retraite. Qu'on aille chercher, si l'on veut, dans l'histoire et dans les histoires, tous les lieux communs de ruses et d'embuscades, etc. Je les abandonne volontiers à mes camarades, c'est-à-dire à huit cents auteurs sur la guerre que j'ai lus... et que je n'ai pas crus.

### *De la formation.*

Peut-il y en avoir d'aussi défectueuse que celle que l'on emploie dans toutes les troupes de l'Europe? Il est prouvé que le premier rang ne met jamais le genou à terre, et, s'il était prouvé qu'il s'y mît à une bataille, il n'y aurait pas à balancer à prendre l'ancienne ordonnance sur quatre, puisque deux rangs tireraient à genou, et les deux autres tireraient debout. La formation présente a les mêmes défauts et n'a pas la même ressource pour résister à la cavalerie, puisqu'un rang de plus y peut faire beaucoup.

### *De l'exercice.*

On a tâché de lui faire bien du tort dans toutes les armées : les anciens par de mauvais propos, les nouveaux par de mauvais moyens. On est parvenu à le rendre odieux aux officiers et aux soldats; on a récompensé les uns, on a battu les autres; on a grondé ceux des premiers qui ne s'étaient distingués qu'à la guerre, on a ennuyé les derniers. Pourquoi y avoir mis de la pédanterie? Il fallait jeter un ridicule sur les maladroits, sur les paresseux parmi ceux-là, et chercher à amuser ceux-ci. Si l'on avait mêlé le petit catéchisme du maniement des armes, de la marche, de la position du fusil et de celle de la tête et du ventre, si on l'avait mêlé de quelques manœuvres, de courses, de nouveautés, de suppositions d'événements extraordinaires, de surprises, de simulacres de morts et de blessés qui les font toujours rire, de confusions faites exprès où l'on apprenne aux soldats mêmes à venir, de huit ou dix de hauteur, comme ils sont très souvent à la bataille, se placer à deux ou trois, d'eux-mêmes, sans officiers ni bas-officiers, on aurait appris à la fois la grande et la petite besogne, et on n'aurait dégoûté personne.

La seule chose sur laquelle on devait insister le plus, dans les commencements de la paix, alors qu'on introduisait les exercices partout, c'était une attention si exacte aux signes et à la voix des officiers, qu'ils s'accoutumassent à les craindre plus que les ennemis un jour d'affaire. Voilà le premier vice dans la méthode; en voici un dans le principe.

Les feux de pelotons tombent d'eux-mêmes, au commencement de la guerre, de même que les feux en avançant, tous les feux de petite répartition, et même tous les feux en ordre. Ainsi je n'en parle point. C'est apparemment pour occuper et former le soldat au plus difficile que le roi de Prusse et tous les grands maîtres de l'art emploient cette méthode pendant la paix. Les gens à vieux principes, qui les suivent parce qu'ils n'en ont pas trouvé d'autres, sont bien dangereux. Ils donnent l'air de la prétention à ceux qui s'en sont fait de nouveaux. Les plus gais les ridiculisent, et les plus tristes les font passer pour avoir envie de perdre la monarchie. Comment oser attaquer l'égalité du pas, pour qui on a eu un égard si religieux jusqu'à présent, qu'on prétendait que la queue de l'armée marchât du pied gauche, ainsi que la tête? Comment serait-il possible que cela fût observé dans les broussailles, les marais et les montagnes où l'on se bat? Toutes ces règles des têtes sur la droite ou vers le centre sont-elles aussi applicables à ces jours brillants, où, ne voyant et n'entendant rien, le soldat ne doit avoir que deux attentions : celle de toucher de ses coudes ses deux voisins, et celle de ne pas le devancer ni de s'en laisser dépasser? C'est à quoi je reduirais son école, si l'on me laissait faire.

### *Des armes.*

Qu'on ne se souvienne plus de la manière de les rendre aussi belles que de l'argent et des diamants au soleil, que pour l'éviter à jamais. Ce propos de l'honneur du soldat à les bien entretenir a causé bien des abus. C'est encore là que les anciens ont tourné la tête. Sans doute qu'ils rendaient leurs armes bien luisantes; ils ne couraient aucun risque, la poudre ne les faisait pas crever, et cela ne pouvait tout au plus que rendre leurs armes offensives plus aiguës, et leurs armes défensives plus légères. D'ailleurs, il ne faut pas s'annoncer de si loin à l'ennemi. Le maréchal de Saxe apprend à merveille à juger de bien loin, par la lueur des armes, si l'on marche parallèlement ou perpendiculairement. Comme je n'ai pas le mérite de l'avoir trouvé, on n'a qu'à l'aller chercher chez lui. Des fusils bronzés comme ceux des braconniers, avec une couleur sur le canon, si l'on veut, pour éviter la rouille, sont beaucoup plus sages. Moins de bois, moins de fer, d'anneaux, de courroies, de vernis, de canon même. On peut en diminuer le poids bien considérablement.

## DES INVALIDES

C'est presque toujours le faste qui leur a bâti des hôtels, plutôt que l'humanité. On les enferme, on les gêne, on les assujettit à des heures, et on traite encore en écoliers des gens plus respectables souvent que ceux que l'on met à leur tête. La liberté, ce plus beau présent de la nature et celui dont on se presse tant de se défaire, doit être la première récompense de ces héros. Qu'on les laisse retourner chez eux, et que l'exemption des impôts et une distinction sur leurs habillements servent à récompenser leur mérite et à encourager celui des autres, en favorisant la recrue. Si les législateurs, les souverains et leurs ministres y réfléchissaient, ils verraient presque toujours que, en faisant le bien pour le bien, le leur s'y trouverait.

## DE LA NOURRITURE

Le biscuit est bien commode à la guerre; mais qu'on prenne garde pendant la paix aux entrepreneurs toujours avides. Ils font la guerre à ceux qui viennent de la finir; ils n'ont pas eu le temps de s'y enrichir, ils s'en dédommagent alors. Qu'on pèse avec soin le pain, lorsqu'il est depuis assez longtemps sorti du four; qu'on examine surtout si on ne le mouille pas exprès pour lui donner du poids.

## DU CHAUFFAGE

Le soldat, par la raison que je dirai ailleurs, toujours attentif à se faire du tort, croit n'avoir jamais assez chaud, et, partout où il se trouve, fait un feu à se rendre malade. Cela exige bien l'attention des officiers.

## DES CORPS D'ÉLITE

Point de soldats d'antichambre, ni de militaires de Cour. Point de Maison du Roi. Point de gardes. Tous ces gens-là coûtent plus qu'ils ne valent. Toutes ces troupes de Darius sont parfaites pour mettre en curée les housards de l'ennemi.

Plus de nos immenses cuirassiers, vu ce que j'ai dit du poids et du choc. Trente mille dragons lestes et gais, des chevaux parfaits, équipés lestement, des uniformes charmants, des casques et des panaches brillant comme des soleils, vingt mille housards, cent mille hommes d'infanterie ! Tout cela en campagne !... Il y a de quoi aller à Constantinople ou à Saint-Pétersbourg ou à...

(Quand j'ai fait cet article-ci, j'étais bien éloigné de croire qu'on reformerait la Maison du Roi en France. C'est au commencement d'une guerre que, en levant des troupes à la vérité plus utiles, on y aurait dû placer cette belle partie, si précieuse de l'Etat, cette jeunesse ardente, si pleine d'honneur et de délicatesse, qui aurait fait circuler dans tous les corps le sang précieux qui coule dans leurs veines.)

Voici une espèce de corps d'élite que je voudrais, malgré le discrédit où ils tombent tout d'un coup : ce seraient des marques de distinction après quelques batailles où les régiments se seraient distingués. Ils auraient la préférence partout, et insensiblement toute l'armée deviendrait un corps d'élite par l'émulation que cela y mettrait.

## DES GARDES

On pourrait en épargner la moitié. Point tant de ces gardes d'honneur. Point de sentinelles aux armes : qu'on les mette dans le corps de garde. Qu'on fasse des patrouilles. Qu'on fasse sortir des piquets la nuit s'il le faut. Mais que le soldat pour se bien porter ait décidément cinq nuits à lui. On met hors de la ville une garde pour la désertion des postes; on en met une autre pour la désertion de cette garde, et puis encore une plus loin : et il se trouve que c'est de ces gardes-là qu'on déserte ! Et puis, c'est aux gardes qu'on complote. Quelles sont celles qui arrêtent ou empêchent la désertion? Ce n'est pas là que les déserteurs passent : c'est où l'on ne s'y attendra pas. Pour qu'ils ne puissent faire aucun arrangement là-dessus, il faut qu'ils ne sachent pas où l'on prend des précautions. A la guerre et même à la discipline de paix, il faut n'être prévu ni par les ennemis, ni par les amis. Il vaut bien mieux laisser la liberté aux soldats de confiance, et faire observer par une partie d'eux ceux qui ne le sont pas.

On fait trop peu d'attention aux corps de garde. Les disputes des entrepreneurs des ouvrages militaires et civils, les magistrats, les ingénieurs, les majors, les aides-majors des places, tout cela est toujours brouillé. C'est ordinairement pour un peu d'herbe que ces messieurs se disputent et le pauvre soldat en souffre; on ne rebâtit point; on ne répare pas; les fenêtres sont cassées. On dit charitablement que c'est sa faute. Quand cela serait arrivé par l'étourderie d'une garde, est-il humain de faire souffrir toutes celles qui la relèvent? Pour éviter cela, on ferme les volets; c'est alors une obscurité et un mauvais air affreux ! On les ouvre, c'est alors du vent et de la pluie ! J'ai vu 300 hommes aller d'un corps de garde à l'hôpital dans trois ans depuis la guerre.

On a passé sa vie dans les camps et aux casernes, on s'est battu, on a exercé, on a logé, délogé, marché, cantonné, et avec cela cinquante réflexions qui n'ont pas l'air d'être quelque chose échappent. On croit en lisant ce petit ouvrage avoir su tout cela, l'avoir trouvé et dit cent fois. Point du tout : ce que j'écris est commun; mais c'est neuf. Il n'est pas savant, mais il vaut mieux : parce que le peu qu'on apprend de nouveau dans toutes les grandes et petites parties de notre métier doit faire plus de bien aux uns et de mal aux autres que toutes les anciennes découvertes, sublimes si l'on veut, mais généralement connues.

## DES CROATES

Cette troupe si précieuse à nos armées y était autrefois beaucoup trop exposée. On est revenu de croire qu'il valait mieux perdre 500 Croates qu'une pièce de canon et on leur rend plus de justice que jamais. Leur manière trop libre de combattre qu'ils avaient autrefois était sujette à beaucoup d'inconvénients, mais ne serait pas, ce me semble, tout à fait à bannir. Je les voyais au commencement de la dernière guerre se lever, prendre leurs fusils, donner l'alarme au camp ennemi, livrer vingt petites batailles pour une, dont ils ne prenaient à la vérité qu'autant qu'ils en voulaient bien. Ils ne finissaient point la guerre par ces procédés-là; mais ils la rendaient bien pénible aux Prussiens.

On avait cru bien mal à propos qu'ils n'étaient point propres à combattre en ligne, et on est revenu de ce préjugé, ainsi que de presque tous les autres à notre service, où il y en a moins que dans tous ceux du monde.

Il y a une autre manière encore à laquelle je voudrais qu'on les mît. Leur fonction d'artilleurs fait honneur à celui qui les en a jugés capables. Je voudrais qu'on les exerçât à faire de grandes routes en croupe derrière la cavalerie, dont plusieurs régiments auraient des selles à cet usage. C'est une façon d'étonner l'ennemi et un moyen très aisé à employer pour le surprendre et enlever des magasins et des postes, des ponts et des passages, etc. Je ne puis concevoir ce qui a dégoûté de cela. C'est encore quelque préjugé qui s'est introduit sans qu'on sache pourquoi; et il y a bien longtemps qu'on ne s'en est servi. C'est pourtant ce qui a fait l'origine des dragons.

## DES DRAGONS

Il me paraît qu'il y en a trop, ou qu'il y en a trop peu. Si la question de la pesanteur de la cavalerie est une fois bien décidée, il me semble qu'on pourra se passer ou d'eux ou des cuirassiers. S'il s'agit d'opposer la force ou la solidité, le nombre y suppléera. En gros, les dragons résisteront très bien à la cavalerie, et en détail ils lui feront le plus grand tort, puisque d'homme à homme celui qui est le plus pesamment armé et monté n'a pas beau jeu.

Saurait-on me dire pourquoi les dragons ne sont plus employés à pied? Si même c'étaient eux qui fussent chargés de mener les Croates en croupe, ce serait une double infanterie portée en bien peu de temps à l'endroit important.

## DES LÉGIONS

On a bien perdu du temps à en parler, on l'a mal employé à en écrire et tout autant à en lire. Celles même des Romains, qui ont tourné la tête depuis quelque temps, ne vaudraient rien aujourd'hui; elles étaient mal entendues et trop faibles dans chaque partie, quant au mélange des armes. Je prends même leur plus beau moment; car elles ont varié pendant longtemps, et les légions des empereurs n'étaient pas comme celles de la République. Les légions n'ont jamais assez d'infanterie pour résister à un corps aussi considérable tout à fait d'infanterie. Il en est de même à l'égard de la cavalerie.

Ce que je préfère à cela est d'avoir des réserves de housards attachées à chaque brigade d'infanterie pour passer par les intervalles, poursuivre ce qu'elle aura mis en désordre par ses premiers feux, ou réparer le premier désordre qu'elle aura souffert : car une randonnée faite bien vigoureusement dans ce moment-là dérangerait bien les premiers progrès de l'infanterie ennemie, puisque les battants sont presque en aussi grande confusion que les battus. Et de même que j'attacherais 500 housards à 5.000 hommes d'infanterie, j'unirais le sort de 500 Croates à celui de 5.000 cavaliers, pour tirer avant la charge ou favoriser la retraite, etc. Tout cela serait employé avec modération, modification et jugement, et l'on prendrait toujours conseil du terrain et de la circonstance plutôt que d'un principe général. Le moment est le dieu de la guerre : c'est lui qui y décide de tout.

## DES FORTIFICATIONS

On bâtit sur le roc, on prépare une brèche à l'ennemi. On dépense, on a tort; on se fait du tort. Je ne vois rien de pis que les villes à grande réputation. On se repose là-dessus, et l'on y est pris beaucoup plus tôt que dans une mauvaise place. Schweidnitz n'était qu'un camp retranché; il a tenu plus longtemps qu'on ne l'avait cru. L..., que je connais à fond et sur qui j'aurais une attaque sûre, est tout ce qu'il y a de plus fort et tromperait pourtant bien du monde.

Que d'argent n'épargnerait-on pas pour la bâtisse et l'entretien ! Que de braves gens ne fait-on pas périr de part et d'autre par les mines et les contre-mines ! Il est bien singulier que depuis qu'on fait des redoutes, personne encore ne les sache faire. On y fait des gorges par lesquelles l'ennemi entre toujours. J'ai entendu dire à quelqu'un qui l'a entendu dire au maréchal de Saxe (je ne sais pas pourquoi il ne l'a pas écrit dans ses *Rêveries*), qu'on devrait les faire assez grandes pour y mettre 400 hommes et les y faire entrer par une échelle, parce que, en la retirant ensuite, l'ennemi serait fort embarrassé d'y entrer, puisque même avec ce secours la petite garnison a eu bien de la peine à s'y placer.

Le grand roi, celui des militaires, a dit, à ce qu'on dit, que, de tous les remparts, il aime mieux un rempart d'hommes, et on dit qu'il dit cela plus gaîment.

## DES TROUPES PRISES EN FLANC

Malheur à ceux qui s'imaginent que tout est perdu si l'on est percé quelque part ou si l'on est pris en flanc. Si j'avais une armée aussi bien dressée que mon régiment, je trouverais des ressources jusqu'au dernier moment.

On croit trop aisément que tout est perdu à la guerre, et on le croit parce que cela est plus commode. On dit qu'on n'en peut plus, qu'il n'y a plus de munitions, et on n'en a souvent pas tiré le quart ; on s'en va, on dit qu'on est tourné. Qu'on se tourne donc vis-à-vis des tourneurs ; on a toujours la ligne intérieure à parcourir, par conséquent moins de chemin à faire et plus de facilité à la manœuvre.

D'ailleurs il faut plus de temps à ces preneurs en flanc pour culbuter une troupe, qu'à celle qui est à ses côtés pour faire front, et, en manœuvrant avec de la tête, on peut les déborder eux-mêmes.

Si l'on est percé, qu'on se resserre, on enfermera les perceurs; et l'on n'a des réserves que pour boucher les trous. Je crois en vérité que ce qui faisait qu'on s'imaginait tenir au feu, c'est qu'on ne savait pas se remuer, et l'on ne savait pas se remuer parce qu'on avait peur de converser son front, ou de changer les ailes, ou de mêler les pelotons. On a senti à cette occasion la nécessité qu'il y a d'apprendre au soldat à combattre à une autre place que la sienne, à obéir à la voix d'un autre commandant et à faire feu de tous les côtés. Chaque officier peut prendre sur lui de ramasser tout ce qu'il trouve pour former une ligne quelconque, un flanc, tout ce qu'il jugera à propos; et, comme il n'a qu'un très petit moyen de défense dans son épée, au lieu de songer à tirer, comme on a fait en France, il est de son intérêt d'avoir toujours une troupe formée auprès de lui.

## DE L'ARTILLERIE

On en prend avec soi une quantité prodigieuse dont on ne se sert pas. C'est autant de perdu si l'on est battu. De peur de cela, l'on prend quelquefois des précautions de retraite de canon dès le commencement de la bataille, et c'est de mauvais exemple et de mauvais augure pour l'armée. A quoi servent ces parcs immenses? Et les réserves? Les canons de la seconde ligne avancent bien mal et ne font pas grand'chose, si ceux de la première sont pris et si elle est battue. Je crois aussi qu'on a eu tort jusqu'à présent de la partager entre les divisions de l'infanterie. C'est un furieux embarras en marche. Si j'ai bien remarqué, le roi lui faisait côtoyer ses colonnes, et même toujours de notre côté, pour que, au premier ordre, ses bataillons conversant pour se mettre en front eussent leurs canons devant eux.

On en a souvent de trop gros et de trop petits. Si l'on pense que les pièces de 24 demandent trop de peine et de chevaux, et que les pièces de 3 méritent peu d'attention dès que le petit feu commence, il faut faire son train d'artillerie selon le théâtre de la guerre. Les pièces de 12 et de 6 sont un juste milieu. Les premières donneraient de l'assurance à la troupe en tirant de loin et prévenant l'ennemi; les secondes, par les cartouches, y portent tant de désordre qu'il est bien dérangé dans sa manœuvre, s'il est obligé de se former, de changer de front, de se développer, etc. Il aura bien de la peine à y réussir. S'il est déjà tout formé, tant mieux; on manœuvre devant lui avec franchise, on ne craint pas qu'il interrompe. Les boulets de 12, pendant ce temps-là, tombent déjà dans ses rangs, et l'espérance en marchant d'en avoir bientôt de 6 dérange bien l'air à la bataille d'une ligne qui offre de la prise dans toute sa longueur. La seconde avance pour recevoir ce qui manque la première. C'est là que les ricochets font une belle exécution. Un commencement d'affaire à présent ressemble à un jeu de paume : la terre est couverte de boulets sautants et bondissants. On fait bien mauvaise figure après cela à la mousqueterie.

On abuse presque toujours de son artillerie, parce qu'on l'emploie mal et qu'on ne sait pas la placer. L'officier général veut qu'on tire de trop loin; l'artilleur veut qu'on tire de trop près. On perd du temps ou des munitions, et l'un et l'autre sont bien précieux à la guerre.

On expose du monde à l'artillerie ennemie pour soutenir la sienne très mal à propos. Il serait temps d'y faire marcher du monde si l'ennemi en détachait pour s'en emparer; jusque-là c'est à l'artillerie à jouer son grand jeu. C'est pour cela que je voudrais qu'on en donnât à la cavalerie; elle la transporterait avec promptitude, elle étonnerait l'ennemi, et les canons n'auraient point de soutien inutile. Jusqu'à ce que la nécessité mît la cavalerie en marche, on la tiendrait à couvert des coups de l'ennemi à la faveur de quelques rideaux : et puis elle paraîtrait tout d'un coup, et se montrer et écraser l'infanterie qui voudrait s'en mettre en possession serait la même chose. Il y aurait des occasions où elle devrait peut-être mettre pied à terre : ainsi, qu'elle soit leste et légère, comme je la veux.

On peut établir des batteries sous la protection de la cavalerie, qui en masque en même temps tout le travail. Lorsqu'il est achevé, elle s'ouvre de droite et de gauche.

C'est ce qui m'arriva auprès de Burckersdorff. Le premier coup d'archet est terrible, surtout lorsqu'il n'est pas attendu. La cavalerie se reforme derrière et en attend les suites.

## DES MARCHES

On pourrait, par les précautions qu'on prendrait, se faire un grand mérite dans les pays que l'on traverse.

Lorsqu'on est à une certaine distance de l'ennemi, on ferait très bien de faire cantonner. Il n'y a point de chaumière, telle mauvaise qu'elle soit, qui ne soit préférable à la plus belle tente. En donnant une place d'alarme et y postant son artillerie, cela suffit pour éviter tous les inconvénients.

On marche presque toujours par une trop petite largeur avec un front un peu trop étroit. Une grande faute encore, c'est de se rompre et de faire l'exercice en marchant. Il faut arriver dans un camp comme on sort de l'autre. Une autre grande faute aussi, c'est de marcher par ligne. Il me semble qu'il n'y a rien de mieux que de marcher par aile : les troupes ont bien moins de chemin à faire.

Il n'est pas si aisé de conduire l'infanterie qu'on se l'imagine. Pour ne point fatiguer la troupe avant de commencer à marcher, il ne faut point la tenir trop longtemps devant le front de l'armée, avec le havresac sur le corps, et la faire lever trop matin. C'est à l'heure la plus précieuse pour sa santé qu'on la réveille le plus souvent. Il vaudrait beaucoup mieux, dans les plus grandes chaleurs, marcher depuis 5 heures du soir jusqu'à 1 heure du matin, et ensuite depuis 7 jusqu'à 10, qu'on s'arrêterait pour cuire. Ce second sommeil, après avoir mangé, ferait grand bien au soldat et réparerait ses forces. Il ferait bien du chemin dans onze heures de marche. Il en dormirait autant, et aurait deux heures pour ses repas.

L'attention la plus essentielle pour qu'on ne le tourmente pas de trop bonne heure pour être prêt, c'est d'empêcher que chaque commandant prescrive une heure différente. Il vaut mieux que tous les généraux du monde attendent que de faire attendre un bataillon. Il est prouvé que, si le commandant de l'armée lui dit de partir à 4 heures, le général d'infanterie ou de cavalerie dit à 3 h. 1/2, le lieutenant-général à 3 heures, le général-major à 2 h. 1/2, le colonel à 2 heures, ainsi que des autres jusqu'au dernier appointé qui se mêle de ces affaires.

Il n'y a point assez de liberté dans les marches. On n'a pas assez de soin de faire passer l'air au travers des rangs qui sont souvent trop serrés; et il vaut bien mieux, à moins qu'on ne marche à l'ennemi, avoir une queue plus longue.

Avec beaucoup d'arrière-gardes, composées de gens sûrs, qui fouilleraient exactement les villages et pendraient ceux qui font semblant d'être malades pour y piller, il n'y aurait point de maraudeurs.

Avant de finir cet article, il est bon de remarquer que ce qui rend la marche plus longue et plus pénible, c'est le défaut d'intelligence qu'ont bien des généraux et des colonels de faire faire des contremarches dans le camp avant d'en sortir, de faire parcourir souvent au régiment de la gauche tout le terrain qu'il y a entre lui et celui de la droite, au lieu d'attendre dans son numéro son tour pour marcher. On doit aussi calculer mieux qu'on ne fait souvent le temps qu'il faut à la cavalerie pour en sortir. S'il y a des défilés, il est bien dur d'être sous les armes à 3 heures du matin, et de se trouver encore dans le camp à 7, ce qu'on a vu très souvent.

## DES RAISONNEURS ET DES RAISONNANTS

On confond trop les uns avec les autres. Je conçois très bien que si, au lieu de faire un flûteur, M. de Vaucanson avait pu réussir à composer deux cent mille soldats, ils auraient d'abord été plus aisés à nourrir, car il n'eût fallu que de l'huile pour les entretenir et ils auraient eu plus sûrement la volonté déterminée de celui qui aurait fait mouvoir les machines.

Mais comme il ne faut pas plus dégrader notre espèce qu'elle ne l'est déjà, qu'elle est assez humiliée par les misères attachées à sa triste humanité, qu'on lui permette au moins de sentir, si on ne lui permet pas d'exprimer : qu'on punisse les propos et les actions, mais qu'on ne pénètre point dans les pensées.

Le soldat qui raisonne pour lui seul est assez malheureux, puisqu'il voit qu'il est la victime de l'ambition des uns et de la charlatanerie des autres. Ce ne sera point de raisonner qui lui fera fuir le danger : il le regardera peut-être comme une borné à son esclavage, et le soldat raisonnant sera assez raisonnable pour n'être pas raisonneur.

Qu'on pardonne ainsi aux nations qui ont le malheur de réfléchir, et qu'on n'appesantisse pas la main sur elles, avant de savoir si, par le raisonnement même, par des représentations, des exemples, des encouragements, on ne peut pas les exciter à l'honneur. Si ce secours manque, il est bien aisé d'employer celui de la toute-puissance.

## DES COUPS DE BATON

Où le sentiment finit, le bâton commence. Point de milieu. Les mezzo-terminé ne valent jamais rien. Ou de l'honneur, comme les nations vives, spirituelles, ou la verge de fer, comme les septentrionaux, souples à force d'être durs, grossiers, bornés et obéissants. Le soldat a bien des maîtres : il faut commencer par les observer et voir si plus de cent pédagogues subalternes, sans les autres, n'abusent pas de leur marque de dignité. Quels licteurs que nos caporaux, et que leurs faisceaux sont pesants ! Que de cannes levées au moindre mot pour frapper souvent l'innocent ! Que ce châtiment, admirable quelquefois, est employé mal à propos ! Qu'il abaisse celui qu'on doit élever ! Comme il devient inutile à force de s'en servir souvent ! Il n'est point à réformer, mais il faut savoir l'employer. Je ne trouve point que des soldats qui se sont battus en gens d'honneur et à qui cela n'est jamais arrivé soient dans le cas de l'essuyer. Il appartient à ceux qui s'y sont pris de mauvaise grâce, ou à qui cela arrive souvent, parce qu'ils comptent sur leur adresse, ou bien que ces combats, qu'on peut arrêter d'abord par d'autres punitions, sont l'effet de l'ivrognerie.

Ce crime-là est si horrible à mes yeux, que je ne ferai jamais aucune difficulté de faire assommer sous le bâton ceux qui y sont sujets, de même que les raisonneurs, ceux qui volent leurs camarades, les incorrigibles et quelquefois les maladroits à l'exercice. Ceux-ci ne sont point tout à fait dans le cas d'être assommés; mais la plus petite réplique d'un mutin n'est jamais sans conséquence. Je crois cependant qu'il vaut mieux en donner rarement et beaucoup, que peu et souvent. Ceci est vilain à détailler, cependant il faut bien le dire. Du reste il est prouvé qu'il vaut mieux en donner sur le derrière que sur le dos, puisque nous en avons souvent vu des suites affreuses à la poitrine, pendant toute une campagne.

On peut faire voir aisément au reste des soldats qu'on ne traite ceux-là de cette façon-là que parce qu'on ne les juge pas dignes d'en porter le nom, et qu'ils font si bien déshonneur au régiment qu'on s'en défera à la première occasion. Il n'y a point à craindre que cette manière d'obtenir son congé prenne à un certain point. Il n'y a point d'honnêtes gens, si dégoûtés qu'ils soient de notre métier, qui voulussent le quitter au prix de cinq cents coups de bâton, car il faudrait en avoir eu autant entre cinq ou six reprises pour être jugé indigne de l'honneur de servir son prince.

## DES AVANCEMENTS

On ne fait pas assez de distinction des deux genres de mérite dans notre profession : les officiers extrêmement brillants à la guerre et qui ne sont bons qu'à cela, et ceux qui sont utiles pour former le soldat, l'instruire et le manœuvrer. Les deux genres sont nécessaires, et ceux qui y réussissent sont faits pour les plus grandes récompenses.

Mais, lorsque les talents ne se trouvent pas joints avec cette valeur si brillante dont je viens de parler, sans décourager ceux-ci, il doit y avoir des avancements proportionnés à leur mérite. Du grade de capitaine, ils peuvent très bien passer à celui de lieutenant-colonel, de celui de lieutenant-colonel à celui d'officiers généraux, parce qu'ils sont très en état de faire des dispositions, et trouveront plus aisément des gens habiles pour les petits détails, que d'autres capables peut-être de projets aussi brillants et de les exécuter aussi vigoureusement. C'est par cette raison-là que je voudrais qu'on fît lieutenants, puis adjudants, puis majors, puis colonels ceux qu'on jugerait les plus capables. C'est ainsi que je suis fâché de ne pas voir passer, dans différents grades de service, ceux qui ont des dispositions pour aller au grand.

Deux campagnes dans les croates, une dans les housards, une dans l'infanterie et une dans les dragons, formeraient plus un officier que le règlement. Il est fait à merveille et on y a presque tout prévu; mais la pratique, jointe à cette méthode et à cette explication excellente de tous nos devoirs, nous rendrait bien supérieurs à ce que nous sommes.

L'ancienneté pour l'avancement est quelque chose de bien pernicieux. On se repose là-dessus et l'on ne fait rien pour mériter ce qu'on croit qui est dû; les actions de guerre, les blessures, l'intelligence à dresser des recrues, à en faire des soldats, à commander sa compagnie, son bataillon, voilà des titres. Que ce soit le mérite et non l'almanach qui décide des fortunes. Sans cela, à quoi servirait le pouvoir de les faire ? Asservi à la date, on avancerait malgré soi les officiers les plus anciens, mais aussi très souvent les plus ignorants.

Les recommandations, les attestations sont encore souvent la cause des mauvais choix que l'on fait. Il faudrait un châtiment exemplaire pour ceux qui par là feraient tort aux bons sujets. C'est cette malheureuse coutume qui a créé souvent des chevaliers qui ne ressemblaient pas aux chevaliers romains, ni à ceux de la belle chevalerie.

C'est aux feux des soldats, le soir d'une bataille, c'est aux grand'gardes, aux piquets, en marche, aux détachements, c'est là qu'on apprend ce que vaut un chacun; il n'y a point de meilleurs juges; on ne se trompera jamais à les écouter, et, si quelques-uns se laissaient aller au plaisir de dire du mal, il n'y aurait qu'à recourir à la pluralité des voix pour s'en assurer.

Les lieutenants-généraux demanderaient aux généraux-majors, et ceux-ci ensuite aux officiers d'état-major, ceux qu'on a vus se distinguer, et, le lendemain d'une affaire, des croix, des pensions, des avancements distribués à propos dans l'armée la rendraient invincible.

Mais aussi le moindre petit doute devrait être éclairci. Il ne faudrait point de ces réputations équivoques, de ces sens louches, de ces éloges si faibles ou si méchants, de ces « mais » si terribles : « Il est brave, mais.... » Les cassations devraient être le fruit de ces propos, s'ils sont injustes, ou de cette incertitude de bravoure, si elle est au point d'être mise en doute.

## DES ÉCOLES

Toutes celles que je connais n'ont pas encore rempli le but qu'on s'y est proposé. Ceux qui en sortent n'apportent pas avec eux les qualités nécessaires pour faire de bien bons officiers, et j'ai toujours vu qu'on avait de la peine même à leur faire oublier quantité de choses inutiles qu'ils y avaient apprises. Heureusement qu'il y en a quantité qui s'oublient d'elles-mêmes.

J'en parlerais avec plus de considération si elles étaient traitées assez à fond pour être bien sues par ces jeunes gens; mais leur tête est un chaos de chronologie, d'histoire, de géographie, de physique; je crois même qu'il y entre du blason et beaucoup de Bible. On leur fait faire des tours de force, et ils obtiennent pour une liste de papes qu'ils récitent par cœur, et qu'ils pourraient très bien ignorer, des éloges qui ne seraient dus qu'à une parfaite connaissance de leurs devoirs, lorsqu'ils entreront dans les régiments.

J'aimerais bien mieux à chaque corps une pépinière de fils d'officiers et de soldats, qui auraient la paye des uns et des autres, et qui, sans apprendre si longtemps à danser et à jouer de quelque instrument, apprendraient par théorie et par pratique ce qu'ils doivent faire lorsqu'ils seront tout à fait en âge de servir. Cela coûterait bien peu et on épargnerait bien des maîtres et des leçons. Quelques bas-officiers et de temps en temps la prison feraient bien plus que les préfets, les gouverneurs et les vieux généraux.

J'ai plus de considération que personne pour les mathématiques; mais je n'ai jamais vu de ces élèves qui avaient le plus de réputation dans cette étude s'en servir assez bien pour tracer une ligne de retranchement. Ces géomètres n'avaient aucun coup d'œil pour l'étendue d'un terrain à occuper; les arithméticiens, aucun calcul; les algébristes, aucune idée nette, et toutes les fois que l'on a demandé que les officiers s'annonçassent pour servir à un siège, on en trouvait si peu d'instruits qu'il en fallait commander d'autres et les instruire de nouveau à fond.

## DES LANGUES

On serait tenté de croire que c'est l'allemand qui est la langue générale, et que c'est la plus nécessaire; par l'énumération cependant que je ferai ailleurs de l'armée autrichienne, on verra qu'il n'y en a qu'une très petite portion qui la parle.

Il faut la savoir, parce que l'on est au service du chef de l'Empire et parce qu'il arrive très souvent de faire la guerre en Allemagne. Mais la langue la plus générale dans notre armée et dans l'Europe est l'illyrien. Les Français sont comme les catholiques, qui s'imaginent être le plus grand nombre: ils seront étonnés peut-être de cette vérité; mais cependant, depuis les portes de Vienne jusqu'à la grande muraille qui sépare les Tartares des Chinois, on n'en parle pas d'autre. C'est ce qu'on appelle à présent le schlawach. Elle est facile, simple et harmonieuse. C'est avec quelques mots, comme *Dobré priateli*, qu'on peut faire tout ce qu'on veut des Croates qui aiment qu'on leur parle en les menant au feu. Le hongrois est encore une belle langue et fort utile. Ils s'animent et deviennent plus brillants dans le danger, lorsque leurs officiers leur rappellent qu'ils sont des *Madiero vitis*.

Si l'on ne faisait point de mélanges, il faudrait laisser à chaque troupe les commandements dans leur langue. Si tout reste dans l'état présent, il est bon que le service se fasse dans une seule langue, comme il se fait. Il paraît extraordinaire à dire cependant que 150.000 hommes ne l'entendent pas.

La langue esclavonne est douce, harmonieuse et s'apprend aisément. Je recommanderais la hongroise; mais avec le latin, on se fait entendre des housards. Il faut seulement en étudier la prononciation. Ils y ont donné celle de leur charmante langue, qui, par un concours harmonieux de dactyles et de spondées, imite le galop de leurs chevaux. Elle est moins éloignée de la manière des Français que celle des Allemands, dont la rudesse ne permet pas de croire qu'Horace parlait ainsi. Il n'aurait pas si bien chanté l'amour, ou plutôt le plaisir, avec des *ou* et des *ch* barbares. Et si je m'appesantis sur ce qui paraît être éloigné de mon sujet, c'est que je trouve que les langues tiennent souvent au génie des nations: le goût des Français, leur élégance, la légèreté des Hongrois, en sont une preuve, de même que la fadeur des Hollandais et la pesanteur de quelques autres nations.

## DE LA DISCIPLINE

On a quelquefois été tenté de croire que, en ôtant cette effervescence de la jeunesse qui compose une armée, on lui ôtait une partie de son courage, et que, en domptant la vivacité dans la conduite particulière de tous les jours, on s'en privait un jour de bataille où cependant elle est bien nécessaire. Point du tout. Comme c'est un jour où l'on laisse ordinairement beaucoup de liberté, et où la confusion qui règne la favorise, les troupes qui sont retenues tout le reste de la campagne par la plus grande sévérité s'en trouvent dispensées ce jour-là; après avoir fait leur devoir avec le plus d'ordre qu'il a été possible, elles en sont plus ardentes, et quand on les lâche dans ces occasions, elles sont comme ces dogues anglais que l'on a retenus longtemps à l'attache : le plaisir et le profit qui suivent ordinairement une bataille gagnée les consolent aisément d'être si longtemps dans la gêne pour y parvenir.

La première discipline consiste à régner sur les esprits.

Ce sont des moyens qu'on ne peut guère marquer : c'est la marche de l'âme, c'est le coup d'œil du génie. Quand on ne peut pas y aller par l'enthousiasme comme le roi, ou le fanatisme comme Mahomet, il faut y aller par la confiance! La route est sûre, et elle est connue.

Il y a des Girard dans le monde qui distinguent d'abord la discipline de la subordination. Celle-ci existe souvent sans celle-là, et celle-là fait peu d'attention à celle-ci, qui va toute seule... Le prince Eugène aurait fait pendre un colonel; mais il riait avec les enseignes d'ordonnance. Je connais une armée où il n'y a de discipline qu'une demi-heure le matin et deux heures et demie le soir : c'est à la parade et à la comédie. Il en faudrait à la Cour, qu'il faut subjuguer au point que personne n'y raisonne. Il en faudrait au quartier général, où l'on pendrait par la tête le premier officier général de mauvais augure. Il en faut en marche, où la moindre petite difficulté, ou une remarque, une de ces impossibilités qu'on trouve toujours quand on en souffre, peut faire le plus mauvais effet.

## DES DÉSERTEURS

Pourquoi crier contre eux! Engagez-les. Ce sont des gens adroits, braves, déterminés. Ils n'attrapent point l'armée où ils passent, s'ils tirent leurs soixante coups dans une bataille. On ne saurait trop les attirer et les bien traiter pendant la guerre. Un peu d'espérance de butin est un furieux appât. Comme on a raison d'y compter peu, il faut les habiller à bon marché; mais en tirer parti. N'en pas avoir soi-même est une chose impossible. Il faut prendre un juste milieu entre la confiance et la méfiance; le point n'est pas tout ce qu'il y a de plus aisé à trouver.

Il est odieux de faire garder la moitié d'un régiment par

l'autre : c'est punir les bons sujets d'être fidèles. Les postes contre la désertion échauffent quelquefois la tête de ceux qui y sont. C'est de ceux-là mêmes qu'on déserte : on n'y penserait pas sans cela. Il y a bien peu de soldats qui, dans le cours de leur terme, n'aient envie de déserter. Ils me l'avouent très souvent. C'est leur rendre service que leur en ôter l'occasion. Notre manière de camper est excellente à tous égards, et surtout à celui-là. Quand autrefois un régiment se gardait plus qu'un autre, c'était un mécontentement qui allait jusqu'aux généraux, qui sont souvent les premiers à crier contre l'ordre. Ils attirent autour d'eux un cercle de petits jeunes gens qui entrent au service, et qui sont enchantés d'entendre dire qu'autrefois l'on n'exerçait pas et que les officiers dansaient toute la journée avec les Tyroliennes ou revenaient du quartier-général dans leurs tentes, ivres ou ruinés.

Un général qui pendant la paix est destiné à commander l'armée ou celui qui la commande pendant la guerre aura bien peu de désertions s'il fait bien observer le règlement qui introduit une égalité parfaite en tout.

## DES COMPLOTS

On doit avoir bien mauvaise idée d'un régiment où il y en a. Si l'on y défend le moindre petit propos qui tend à la désertion, si l'on défend d'en prononcer le nom, et si un bas-officier se mêle dans la conversation, lorsque deux ou trois parlent ensemble, il n'y en aura pas. Ils ont des phrases entre eux, et des mots de convention qui valent vingt-cinq coups de bâton dans l'occasion. Ils ont une manière de dire qu' « il fait beau », qu' « on pourrait se promener », qui est le signal de leur départ et une proposition pour celui des autres. Ils ont une façon de regarder le temps, le pays, leurs souliers, de parler des étrangers... Le diable enfin leur prête un jargon qui n'échappe pas aux connaisseurs. J'ai appris aux officiers qui sont sous mes ordres à se méfier des églises. J'ai remarqué plusieurs fois que plusieurs soldats y entraient sous prétexte de quelque salut. Qu'on les y suive et qu'on les observe. On verra de l'embarras si on les examine.

On craignait autrefois les gardes et on avait de la peine à les laisser de la même compagnie. Mais à présent on connaît si bien le caractère des soldats et on vit si étroitement avec eux que rien n'échappe. D'ailleurs, tout le temps de leur service, les officiers, les bas-officiers se promènent devant le corps de garde. Il ne peut absolument s'y rien passer. Il n'est pas mauvais, pour leur y faire employer leur temps, de leur distribuer des gazettes qu'on fait faire avec de fort mauvaises nouvelles des voisins, des mauvais traitements, des pendaisons, etc. On ne saurait trop faire pour conserver un homme seulement. Un homme est précieux comme l'or. Malheur à ces imbéciles et détestables sujets, qui disent : « J'en suis charmé : c'était un mauvais soldat ! » C'est que vous étiez bien plus mauvais que lui, puisque vous ne l'avez pas rendu bon.

## DES MARIAGES

Malheur à ceux qui voient contre avant de voir pour. Qu'on examine tout d'abord en bonne part : le mauvais côté à saisir se présentera assez de lui-même. C'est comme cela que l'établissement le plus raisonnable qui attache à la Patrie, qui en resserre les nœuds, si l'on en est, et qui les donne, si l'on n'en est pas, est contrarié dans presque toutes les troupes.

## DU BRILLANT DE L'EXERCICE

Pour vous qui ne cherchez qu'à plaire, voilà mes principes... Mais je connais les vôtres. Les voici.

On contente bien aisément quand on le veut : il y a si peu de connaisseurs ! — Qu'on les mène devant le front. Qu'on fasse faire halte de temps en temps. Qu'on voie tous les pieds gauches se lever à la fois. Tout cela paraît à merveille, on crie au miracle. Qu'on fasse feu en se déployant : rien n'est plus séduisant. La fumée, le bruit confondent tous les objets. On juge toujours favorablement. Qu'on fasse de petits pas, ayant l'air d'en faire de grands ; qu'on lève la jambe pour la reporter bien vite à la même place et à la même hauteur, on passera pour être habile, car, dira-t-on, l'alignement est bien gardé. Cela est vrai. Mais c'est qu'on ne marche pas. Au pas de charge, par exemple, j'ai vu ne remuer que les pointes des pieds, et les talons presque point. Ce n'est pas comme cela qu'on gagne des batailles : il faut avancer.

Qu'on fasse jeter le genou à terre avec une vivacité, un bruit sans égal, qu'on commande dix fois de suite *herstelt-euch*, pour étonner encore par ce degré de rapidité : on plaira ; mais on donne des ruptures à tout le premier rang... (Je cherche dans ce moment-ci des bandages d'un genre nouveau et des moyens de ressort pour raccommoder ce que le brillant de l'exercice coûte à tous les régiments de l'armée, par cette indigne coquetterie.

Qu'on n'attache pas ferme la ferraille et la garniture des fusils, ou qu'on y mette quelques anneaux, on entendra de loin cette espèce de sonnerie, qui fait croire qu'on brusque si bien les temps, que c'est au point de briser ses armes. Mais qu'est-ce que c'est que cette gloire ?)

Que le matin on explique avec des morceaux de bois, qu'on montre un plan dessiné, qu'on donne à l'ordre, qu'on lise au soldat, qu'on mène les bas-officiers sur le terrain, qu'on fasse des répétitions ; vraisemblablement, on sera content de la manœuvre. Mais est-ce manœuvrer ? Et encore ce n'est que sur la pelouse égale et verte comme un billard. C'est dans les sables de la mer, c'est dans des carrières, des bois, des hameaux et sur les montagnes qu'il faut imaginer sur-le-champ et faire exécuter de même. C'est là où il faut chercher à s'aligner, se deviner presque et chercher à tout prévoir.

Que j'ai été heureux de voir manquer souvent ce qui avait été si bien concerté ! Il y a même une punition visible : C'est la main de Dieu de la guerre d'autrefois (ou de celui des armées d'à présent) qui s'appesantit apparemment sur les généraux qui ne sont point soldats. Ils ne trouvent presque jamais les piquets qu'ils plantent pour aligner les têtes de leurs colonnes. On est sur huit, par exemple ; c'est le troisième qui la passe. Que deviennent trois de la gauche et quatre de la droite ? On cherche, on recule, on avance mal à propos, on se méfie de soi et des autres, et tout le monde a de l'humeur. Et puis il en est de même pour conserver les distances. Les points sont pris, les lignes sont tirées ; mais, le jour de la représentation, les bataillons ont quelques files de plus ou de moins. C'est encore le doigt du Seigneur qui touche ces pauvres inmilitaires, et c'est bien fait.

Qu'on avertisse les répartitions tout bas, pendant l'exercice même, si on l'a oublié, qu'on fera d'en joue remettre sur l'épaule par un *Setz ab Magique*, on étonnera, on charmera, et ce seront des joies et des compliments sans fin ! Que celui qui commande coure beaucoup avec cela ventre à terre, qu'il gronde à tout hasard un officier connu, ou qu'il nomme un soldat qu'il ne connait pas, *Oreat* pour les Hongrois, *Prezezina* pour les Bohèmes, *Schmidt Wagner* ou *Zimmermann* pour les Allemands, on en sera à genoux d'admiration!

Ce n'est point dans ce qui assure le bonheur des citoyens, qui fait valoir les droits des souverains, qui détermine les limites des Etats, qui fixe la balance des empires, qu'on a besoin de la charlatanerie.

Ce n'est pas le mieux imaginaire qu'il faut. Je l'ai dit peut-être... (Sans être aussi vieux ni aussi sublime que les héros d'Homère et qu'Homère même, je suis comme eux : je répète déjà!) Si cinq ou six bataillons marchent serrés, sans presse, à distance, sans ouverture, alignés chacun pour soi, et le pas qu'on peut, l'espace de 800 pas, tous les développements sans perdre de terrain, tous les changements de front bien prompts, les courses sans confondre les rangs, les masses sans s'empêcher de se remuer, les colonnes sans queue, les alignements sans oblique, les obliques sans angles aigus ni rentrants (dangereux pour ceux qui les forment), ni saillants (faciles pour ceux qui attaquent), on est vraiment militaire.

La Fortune est femme : il faut l'essayer. La Victoire est femme : il faut l'emporter.

## DES INVERSIONS

Il y a encore bien des préjugés là-dessus aujourd'hui dans toutes les armées. On doit savoir gré à celui à qui j'adresse cet ouvrage d'avoir osé les attaquer. Les seules manœuvres compliquées de notre règlement ne sont que pour décomposer si bien l'ordre des rangs et des files qu'il y ait de la peine à démêler tout cela si on ne sait pas manœuvrer; mais c'est pour apprendre à n'être pas étonné de tout ce qui arrive du mélange d'aile et de centre un jour d'affaire. Quel temps ne perdent pas ceux qui font difficulté de croire ce que j'avance, à défaire méthodiquement ce que le terrain ou l'ordonnance de l'ennemi ont exigé, et quels dangers ne courrait pas ma colonne, par exemple, qu'on verra dans les *Fantaisies*, si l'ennemi, s'apercevant qu'elle est formée par le centre sur l'aile, prévoyant où la droite doit arriver, et la débordant, celui qui la commanderait la faisait converser, ouvrir les distances, entrer l'aile droite dans l'alignement de la gauche, et converser ensuite à gauche pour se mettre en front? Quelle différence, si, se moquant de l'inversion, toute l'aile gauche devenait la droite de l'aile droite !

## DES AUMONIERS

Ce n'est pas une si mauvaise chose qu'on se l'imagine, mais ce n'en est pas aussi une aussi bonne qu'on pourrait le croire. On ne sait pas en tirer parti. On les laisse prêcher toute l'année des inutilités inintelligibles. On les emploie à chasser les filles et à leur faire couper le... veux. Ils font faire gravement cette sainte cruauté, qui fait rire les uns et qui les fait maudire des autres. Ce sont souvent des insolents qui s'imaginent qu'on craint leur crédit à la Cour, ou des imbéciles qui n'en ont aucun au régiment.

Qu'on les choisisse bien, et qu'on exige beaucoup d'eux ensuite. J'ai fait plusieurs sermons pour un de ces gens-là qui parlait toujours transsubstantiation et transfiguration. J'y parlais, moi, obéissance, exactitude, patience, honneur bien entendu, ivrognerie, brutalité, débauche, santé, réputation : c'étaient mes divisions et mon occupation pendant tout un carême.

Si les aumôniers font connaître aux officiers d'état-major des injustices qu'ils peuvent commettre sans le savoir; s'ils font des quêtes dans la garnison ou dans le camp pour des veuves, des malades et des orphelins; s'ils sont les premiers médecins de l'hôpital; s'ils cherchent à savoir tout ce qu'a fait le soldat dans sa vie, non seulement par l'imposante obligation du temps consacré à cela, mais par le motif de consolations qu'on irait chercher chez eux, ils peuvent se montrer un jour de bataille. S'ils peuvent être aussi braves que ces popes qui font chez les Russes ce que nous n'avons jamais vu faire à leurs généraux, qu'ils y restent avec nous. Ce n'en sera que mieux, et la réputation de poltronnerie qu'ils ont fera croire aux soldats qu'il n'y a rien à risquer pour eux, quoiqu'ils ne les quittent pas.

Je voudrais même faire avoir un évêché après la bataille à un aumônier qui se serait bien conduit. N'est-ce pas rendre la religion respectable que d'y mêler de la valeur et du sentiment? Pourquoi la décharne-t-on tous les jours de plus en plus? Moyen de plus pour exciter et assurer le courage.

N'est-ce pas le moyen de la perdre que de voir arriver tristement un moine que l'on ne connaît point, pour annoncer une bataille d'un air de bataille perdue, et faire envisager des malheurs affreux si l'on n'est pas en état de grâce? N'est-ce pas encore ajouter à la mauvaise grâce de ce procédé que ce vilain moine parte au galop au premier coup de canon, après avoir mis toute l'armée dans une posture humiliante et dangereuse? Car il faut élever le soldat, ce jour-là, au lieu de l'abaisser.

Qu'ils aient soin avant le combat de nommer le Dieu des armées, s'ils le veulent. Ceux qui y croiront y iront de peur qu'il ne les punisse d'avoir quitté leurs rangs. Ceux qui n'y croient pas seront entraînés par le nombre et seront touchés de la bravoure d'un orateur chrétien. Plus elle est rare, plus elle fera effet. Si les Grecs avaient vu Démosthène dire à Philippe lui-même ce qu'il disait contre lui de sa tribune aux harangues, tout le peuple entier aurait marché sur-le-champ aux Macédoniens. Cicéron n'eût peut-être pas aussi bien parlé à Catilina, s'il eût été seul avec lui. L'aumônier peut rappeler les serments faits de ne jamais quitter les drapeaux et les étendards. Ce que j'ai entendu dire de mieux était de rendre à Dieu ce qui était dû à Dieu, et à César ce qui était à César. La citation n'était pas neuve, mais elle était heureuse. Qu'on promette au soldat la vie éternelle si l'on veut, mais qu'on lui annonce l'enfer s'il se sauve. Qu'on ne le fasse jamais mettre à genoux; qu'on le bénisse, s'il le faut, et qu'on le mène vite à l'ennemi.

## DES SOLDATS

On est presque toujours injuste à leur égard. On suit une vieille routine, et on parvient à leur tête comme à celle d'une meute, où, sans entrer dans aucun raisonnement, on nourrit et l'on bat à des heures réglées. Je sais bien qu'à présent, à notre service, on les traite mieux que jamais : il n'y a plus de bâton. On s'en prend aux officiers s'ils désertent, s'ils commettent quelques fautes, et c'est là le fondement de la discipline; il faut s'en prendre au plus petit nombre pour contenir le plus grand; il y a bien moins de punitions; il vaut mieux qu'il y en ait encore moins et qu'elles soient plus fortes.

On interprète si mal le nom de philosophie, on le connaît si peu et on lui donne tant de ridicule, qu'on ne peut guère le citer dans un livre de guerre : c'est cependant ce qui inspire l'humanité. Faire exercer la justice, donner des règles de morale, indépendamment du parti qu'on en tire pour son bien et son agrément est de la plus grande utilité, puisqu'elle apprend à connaître les hommes.

C'est cette connaissance qui devrait faire mieux apprécier le soldat. Quoique les nations qui composent nos armées soient bien différentes et qu'il n'est pas possible qu'elles ne le soient, les unes étant à huit cents lieues des autres, plusieurs points les réunissent. Je ne sais si c'est l'habitude du joug ou la manière de vivre en société, mais ils sont enfants, et plus enfants que les enfants; ils en ont les petites malices, les méchancetés peu réfléchies, les désobéissances, les mensonges, les excuses, la gaîté, la facilité, le désespoir, l'envie de toucher à tout et de gâter tout, etc. C'est parce qu'on leur défend de boire en marche qu'ils en meurent d'envie dès qu'ils sortent du camp, qu'ils mangent aussi du fruit défendu, qu'ils aiment à courir, à être où ils ne doivent pas être, à tromper ceux qui sont chargés d'eux, et qu'ils se font un honneur de se le raconter. C'est comme cela qu'ils s'attachent à connaître leurs supérieurs, qu'ils s'en moquent à la première prise qu'ils donnent, et qu'ils gagnent le dessus s'ils leur aperçoivent la moindre petite faiblesse dans la façon de les mener. C'est comme cela qu'ils ont en horreur ceux d'entre eux qui les trahissent. C'est comme cela, cependant, qu'on sait tout ce qui se passe chez eux. C'est comme cela aussi qu'on peut en faire tout ce qu'on veut, en les amusant. J'ai dit qu'ils étaient enfants : il faut savoir embellir et varier leurs poupées : tantôt une apparence de liberté qui n'en est pas une, tantôt une manière de confiance, de la danse, de la boisson et un peu d'argent répandu à propos les mèneront où on veut. L'appât du butin est un moyen à employer pour les grandes occasions, et il est très sûr qu'il n'y a point d'obstacle qu'il ne fasse surmonter au soldat. Je suis convaincu qu'il n'y a point de ville dont il ne s'empare si on lui en promet le pillage.

## DU GÉNÉRAL COMMANDANT

On lui donne de bien mauvais conseils dans tous les livres de guerre que j'ai lus. Ils ressemblent à ceux que lui donnent souvent, un jour de bataille, les aides de camp qui sont obligés de l'accompagner et les volontaires qui en font semblant : « Ne vous exposez pas, disent-ils continuellement, votre vie est si précieuse. » C'est à la leur qu'ils pensent bien plus qu'au bien de l'Etat.

Il est très sûr, lorsque les armées étaient petites, lorsqu'on ne tirait point du tout, et ensuite, lorsqu'on tirait très peu, que le général qui était à la tête de son armée pouvait en diriger les opérations de quelque hauteur d'où il découvrait tout. La guerre était un jeu d'échecs. Un Espagnol profond dans ce jeu-là aurait pu calculer les accidents, prévoir tous les cas, et placer des bataillons comme des pions. La poudre a furieusement embrouillé les affaires, la vue et les esprits. Il n'est pas possible que le général s'assure de sa besogne, si ce n'est par sa présence même. S'il a eu l'adresse de réduire la bataille en affaire de poste, ce que je lui conseille toujours, c'est là qu'il doit se trouver pour y voir quelque chose. Je lui défie de n'y être pas dans le plus grand feu de canon et de cartouches, et si par hasard il rencontre le petit feu dans son chemin, il serait de mauvais exemple pour les troupes qu'elles l'aperçussent l'éviter.

Un grand homme de guerre m'a dit qu'une position très bonne pour voir tout ce qui se passe pendant la bataille est sur l'aile, un peu en avant, pour tâcher de découvrir tout le front de son armée et de celle de l'ennemi; les troupes qui ont besoin de soutien pour les seconder ou de réserve pour les remplacer s'annoncent par la fumée qui avance ou qui recule. Si l'affaire est engagée d'un bout de l'armée jusqu'à l'autre, il est nécessaire qu'il se promène continuellement derrière le troisième rang de la première ligne, et que les adjudants généraux viennent à tous moments lui rendre compte des endroits qu'il a quittés. On voit trop peu, et on entend trop difficilement pendant la bataille, pour ne pas être aussi près qu'on le peut de l'exécution de ses ordres.

J'ai entendu parler vingt fois du sang-froid de nos vieux maréchaux, qui ne galopaient jamais. Il serait bien impossible de faire la guerre à présent comme cela; il faut être aussi vif de corps que d'esprit. Le projet, le remède, l'ordre, tout doit partir à la fois. — Le prince Louis de Bade, m'a-t-on dit, n'allait jamais reconnaître. — Je le crois bien : il n'avait point de postes avancés; l'ennemi n'avait pas plus de troupes légères que lui, et on allait se camper si près l'un de l'autre que, de la première garde des drapeaux de la première ligne, on découvrait ce qui se passait au quartier général.

— Le prince Eugène, m'a-t-on dit aussi, ne savait pas remuer un bataillon. — Il avait affaire à des gens qui le savaient bien moins. Il aurait été obligé de l'apprendre si M. de Turenne avait su former des officiers, de même qu'il l'avait été par Frédéric-Henri. Il en savait assez pour lui et pas assez pour les autres. Le duc de Veymar lui avait fait passer aussi une instruction qu'il avait tirée des Suédois, et qui s'est si peu établie en France qu'on y compte plus de généraux que d'officiers. M. de Vendôme même, que j'aime à la folie, ne l'était pas du tout. D'ailleurs, le prince Eugène avait un homme qui le servait admirablement dans cette partie de détail. C'était le prince Maurice d'Anhalt-Dessau, qui commandait les six mille Prussiens et qui lui était aussi utile pour ce genre-là que M. de Cathogan pour les marches et les camps.

Ce que l'on dit toujours dans les livres de guerre, que le général commandant doit avoir carte blanche, n'est pas lu apparemment par les souverains. Montécuculli passa si bien là-dessus que, pendant toute la campagne, il n'ouvrait pas les rescrits du Conseil de guerre. Il les rendait à l'Empereur en venant à Vienne, et, lorsqu'il lui demandait pourquoi il n'avait pas suivi les ordres qui lui étaient donnés de sa part, il lui disait : « Sire, je les ai baisés, je les ai mis dans ma cassette et je vous les rapporte. »

Ce qui est écrit aussi presque partout sur l'article que je traite, que le général doit être né avec toutes les qualités nécessaires pour l'être, est ce qui est le plus vrai. Avec l'art on se corrige, on se rend meilleur; mais on ne va jamais aussi loin. Il faut venir au monde général, peintre, poète et musicien. Lorsqu'un de nos colonels, avancé par la Cour, disait à Guido Stharenberg, pour lui en donner part : « L'Empereur m'a fait général », — « Je lui en défie », répondit-il, « il vous a *nommé* général, et rien de plus ».

## DES GÉNÉRAUX

Ce n'est pas qu'il ne soit permis d'être malheureux; nous ne sommes point à Carthage. Mais, sans que cela soit poussé aussi loin, il serait bon de savoir pourquoi un général qui a été battu l'a été. Je ne soupçonne pas sa bonne foi; mais si c'est sa capacité qui doit l'être, il en faut même aussi faire un exemple. N'est-il pas comptable de la mort de plusieurs milliers d'hommes? On pend un assassin, on poursuit un homme qui, à son corps défendant, en a tué un autre de la meilleure grâce du monde. Et celui que l'ambition peu éclairée, la protection d'une famille puissante ou la faveur (et quelquefois les faveurs), ont placé à la tête de l'armée, recommence l'année prochaine. A-t-il passé dans tous les grades ? Comment y a-t-il servi ? S'est-il assez peu appliqué pour attribuer sa défaite à ne savoir pas remuer des troupes ? Cela est souvent arrivé autrefois. On n'avait ni majors ni généraux. Nous avons au moins à présent des majors. Une guerre fera voir si nous avons des généraux, c'est-à-dire que tous ceux qui servent, tel peu illuminés qu'ils soient, savent au moins commander l'exercice et ne seront plus embarrassés pour changer de front, pour s'aider dans quelque circonstance, former un flanc, charger de tous les côtés, etc. On ne s'en est jamais assez pris aux généraux des malheurs qu'on a eus. Qu'on consulte les soldats pour la punition, comme j'ai dit plus haut pour les récompenses. Il est parti, diront-ils, au commencement de la bataille ; nous ne l'avons vu qu'à la fin. — Il nous a mal menés, il a perdu la tête. — Il a brutalisé tout le monde, il a crié ; mais il n'a pas instruit. — Il a mal manœuvré.....

S'il y a des malades et de la désertion, c'est encore les généraux qu'il faut en rendre responsables. Ce que je vais dire est terrible ; mais, à la guerre, il vaut mieux punir un innocent que de sauver un coupable. En examinant bien les effets de cette maxime, on trouvera même qu'elle est moins dure qu'elle n'en a l'air. Pourquoi ne pas mettre les généraux au catéchisme comme les enseignes ? Il n'y a pas un grand malheur quand l'un de ceux ci ne sait pas si, avant de mettre la crosse en arrière, il faut présenter l'arme ; le plus grand malheur qu'il y aura à cela, ce sera que ses camarades se moqueront de lui. Mais il est essentiel de savoir si un général occupera tel terrain qu'on lui montrera, de quelle façon il l'occupera, comment il y marchera, et comment il allongera sa première ligne pour gagner son appui, etc.

On devrait lâcher les généraux dans une plaine avec beaucoup de poudre et beaucoup de troupes, et leur laisser faire tout ce qu'ils voudraient; s'il en est encore temps, on corrigera les uns; s'il n'y a plus d'espoir, on renverra les autres.

On verra la vivacité, le génie, les ressources, l'émulation et tout ce que je souhaite à ceux qui ont l'honneur de conduire la plus respectable partie des hommes.

Ce n'est pas assez d'observer leur conduite militaire, il faut les suivre tous les jours. Sont-ils les amis, les confidents, les consolateurs des soldats? les redresseurs des torts des officiers d'état-major? le soutien des bons officiers? Les connaissent-ils? Voient-ils souvent leur troupe? Y font-ils de la dépense, s'ils sont riches? Aiment-ils leur métier? Sont-ils officiers eux-mêmes et soldats dans l'âme? Il y a à supposer que, s'ils ont toutes ces qualités-là, ce ne sera qu'à la supériorité, à des ressources ou à un bonheur particulier que l'ennemi devra sa victoire. Ce n'est pas d'un général d'armée que je parle, c'est de tant de généraux qui s'en reviennent battus avec leurs détachements comme si de rien n'était. Est-ce un aide de camp qui les mène? Est-ce un autre officier de confiance? Sont-ils peut-être des mulets du prince Eugène, comme dit le roi, ainsi que j'ai cité plus haut? Ont-ils des capotes grises un jour de bataille, et l'air un peu pensif? Oh! c'est alors qu'il faut être bien brillant de mine et de propos, bien mis, bien monté, et avoir l'air d'assurance!

Les gens qui prévoient les malheurs en attirent toujours. La confiance en inspire, et quand on parvient seulement à cela, on est déjà presque sûr de la victoire.

Dieu punit aussi l'irrésolution et la lenteur. Des milliers d'hommes vivraient encore si on avait su profiter du moment de finir les guerres. Si j'osais ouvrir des avis.... Mais je ne fais que dire ce que je crois mal, sans oser dire encore ce qui serait bien.

Je déciderais presque qu'il vaut mieux faire une sottise

de tout son cœur et avec fermeté qu'une bonne action avec faiblesse. La première étonnerait l'ennemi ; il croirait qu'il y a quelque chose là-dessous, on aurait le temps d'y remédier. La seconde perdrait son prix, parce qu'on donnerait le temps d'y en opposer une autre; et, d'ailleurs, on ferait connaître l'auteur.

Les moindres défauts des généraux sont, je crois, la sévérité pour les officiers, la bonté pour les soldats, parce que ceux-là y prendront garde et tiendront ceux-ci de près sur tous les points.

On peut leur passer l'inquiétude, si elle n'incommode personne. On devrait même plutôt compter sur un général inquiet que sur un autre qui croit que tout va bien : pourvu qu'il ne témoigne point que tout va mal, qu'il ne le croie pas trop lui-même, il peut se tracasser tant qu'il voudra, sa besogne est assez importante pour qu'on le lui pardonne.

Oh! métier de l'honneur!... Comment se peut-il que quelquefois il y en ait si peu? Il faut éloigner de nous toutes ces idées honteuses de manque de courage, ces méchancetés, ces jalousies, le dirai-je même? ces trahisons. Comme c'est souvent faute d'être éclairé sur ses devoirs que l'on y manque, que c'est par cette raison-là qu'il y a tant de criminels sans le savoir, et que tous les gens bornés sont dangereux, que les généraux sachent même que ceux qui, dans l'occasion, de peur de risquer leur réputation, n'aident point leurs camarades dans une affaire, sont aussi coupables que s'ils se jetaient dans le parti de l'ennemi; ils ont eu bien souvent la théorie en dégoût, ils ont eu tort.

## DE LA LECTURE

Il faut lire : mais il faut savoir lire. Il faut y être préparé. La lecture a été souvent nuisible par l'abus qu'on en a fait. On fait plus de fautes par défaut de logique que par défaut d'application. Les demi-savants sont l'espèce la plus incommode : les faux savants sont l'espèce la plus dangereuse. N'avons-nous pas vu à la guerre des gens séduits par de vieux exemples qu'ils appliquaient on ne peut pas plus mal ? On se ressouvenait que, dans les guerres de Flandre, on avait occupé un village. On savait la défense de la Cassine, de la Bouline, en Italie. L'on ne savait pas que l'industrie des Flamands, leurs fossés, leurs vergers entourés de haies, leurs fermes, leurs cimetières faisaient des citadelles de tous leurs villages. L'on ignorait que les petits canaux des Italiens, leurs pigeonniers, qui sont autant de tours à défendre, et leurs terrains coupés de tant de façons différentes, rendaient leurs cassines des forts à faire périr beaucoup de monde; et on croyait bien faire d'appuyer une aile à un village en Bohême, en Silésie, en Lusace, en Brandebourg, en Saxe et même en Moravie, où cependant ils sont un peu meilleurs. Le seul parti à prendre est de les brûler pour que l'ennemi n'en profite pas, puisque, à la faveur des maisons, il pourrait dérober quelque manœuvre et faire ses mouvements à couvert, et parce qu'on l'empêche moyennant cela de marcher de front avec ses munitions. D'autres ont lu dans d'anciens mémoires des camps de réputation, et, sans savoir à quoi on les destinait et quelle était l'intention de ceux qui s'en servaient, ils s'y sont fait battre.

Ne lisant point tant, ou lisant mal, ou se dispensant de calculer les circonstances, ou de rapporter les temps et les usages, ils y prenaient un front contraire. Ils avaient trop ou trop peu de monde pour occuper le même terrain que Gustave-Adolphe, ou que M. de Catinat, par exemple (que je cite pour dire quelqu'un de beaucoup de réputation; de même que pour tout ce que j'ai dit plus haut, j'aurais toujours cité le roi et la dernière guerre si je n'avais pas eu peur d'avoir trop l'air de parler de moi en parlant des autres). Mais qu'importe au sous-lieutenant qui ne commandera jamais l'armée que Waldstein ait eu à Lutzen des bataillons avec des flancs et des faces comme des bastions, s'il ne sait pas son devoir de tous les jours? Il vaut cent fois mieux qu'il exerce une action d'humanité qu'exige de lui le Règlement, en visitant ses malades, que d'admirer celle d'Alexandre à l'égard de Porus, et qu'il fasse réparer à l'hôpital l'incontinence de ses soldats que de s'extasier de la continence de Scipion.

Ce que nous faisons de mieux dans nos armées vient sans contredit des Grecs et des Romains. Les lignes obliques, nos masses, nos échelons, nos colonnes se trouvent partout; et si j'avais voulu citer des exemples dans ce petit ouvrage-ci, je pourrais citer pour ceci Epaminondas, Annibal, etc.

## PRÉÉMINENCE DE NOTRE ARMÉE

Je parierais qu'elle n'est pas généralement reconnue. Il faut donc le prouver. L'armée autrichienne est la seule armée nationale, quoique composée de plusieurs nations. Le roi de Prusse a très peu de monde de la sienne dans ses troupes, et recrute dans le monde entier. Le roi de France a des Allemands, des Suisses et des Irlandais; mais ce sont des mercenaires qu'un rien mécontente et qui dépendent de l'union du ministère avec les Princes d'Empire, avec les cantons Helvétiques et des intelligences qu'il faut avoir en Angleterre.

Louis XVI ne règne que sur des Français. Joseph II règne sur vingt peuples différents, depuis le golfe de Venise jusqu'à la Manche, et bientôt, j'espère, depuis la mer Noire jusqu'au Rhin. La fidélité, la bravoure et l'enthousiasme des Poméraniens et des Brandebourgeois ont opéré des prodiges, la guerre passée : mais cette dernière partie est personnelle à Frédéric le Grand. La manière de tirer parti de cent mille étrangers qu'il a dans son armée, parmi lesquels il se trouve toujours trente mille Français, tient encore au génie de ce Prince-général-soldat.

Tous les Français se ressemblent à peu de chose près, depuis l'Escaut jusqu'aux Pyrénées : ils portent au moins le même nom et il n'y a pas assez de caractères distinctifs d'une province à l'autre pour y exciter autrement l'émulation. Mais elle se fait bien sentir chez tous ces peuples que Joseph II mènera lui-même à la victoire dès qu'ils seront assemblés dans un camp de guerre, qui succédera bientôt, j'espère, à nos camps de paix. Soixante mille Croates qui ne désertent jamais, sobres, obéissants, faciles à conduire, infatigables et aussi beaux qu'excellents, font l'honneur et la sûreté de l'armée. Il y a sous ce nom, qu'on donne mal à propos à plusieurs nations, des nuances de caractère dont on peut tirer le plus grand parti. Il est également tourné au bien. Les Lycaniens, les Oguliniens, les Sluyniens, les Varasdins, les Creutz, les Saint-Géorge, les Broder, les Carlstader, les Gradiscaner, les Pétervaradin, les Banalistes, les Banderialistes, les Illyriens, les Séculiens, les Esclavons, les Vallaches, ont, quoique avec des esprits différents, — au moins quelques-uns de ceux que je viens de nommer, — les grandes qualités que j'ai citées plus haut. Quarante mille Hongrois pleins de valeur et d'intelligence en sont une autre partie bien considérable.

Treize mille Vallons, qui joignent l'honneur des Français et leur gaîté dans le plus grand feu à la patience des Allemands, ont toujours rendu les plus grands services. Cinq mille Italiens ambitieux et vifs sont excellents à employer. Des milices du Tyrol et du Bregentz, si l'on veut, peuvent être employées bien utilement. Il n'y a rien de meilleur en Allemagne que la petite partie que la maison d'Autriche possède en Souabe. Les Bohêmes et les Moraviens, qui font le plus grand fonds de l'armée, sont solides et admirables pour des réserves. Les pays héréditaires, qui ne passaient pas pour être si militaires, le deviennent tous les jours. On a vu, au milieu de la guerre, Vienne même fournir un régiment qui a fait des merveilles partout.

Nous ne faisons pas mal, malgré cela, de glaner un peu sur les autres nations pour ménager nos cultivateurs et nos manufacturiers.

C'est ici le lieu des lieux communs. Les Français ressemblent beaucoup aux Turcs, en furie générale, en valeur personnelle, en désordre et en découragement. Il n'y a cependant point de pays où il y ait plus de point d'honneur et d'esprit. Les Anglais sont plus acharnés, mais ils sont ivres. Les Allemands restent dans le plus grand feu de pied ferme, sans la moindre difficulté. Lorsqu'il s'agit de se rompre, de changer de front, de faire quelque mouvement en arrière, j'en ai vu quelquefois s'en aller; mais ce n'étaient que des régiments mal tenus, mal disciplinés et mal exercés. Ceux qui ont les trois avantages opposés à ces défauts ont, à mon avis, la plus grande perfection du mécanisme. L'entretien, la nourriture, le soin de la machine est connu. Tout est prévu. Les roues en sont admirables; mais cependant, si plusieurs cordes manquent à la fois, je ne réponds de rien. Les Russes sont des murailles, m'ont dit les Prussiens; mais les murs ne marchent pas. L'ignorance des officiers, la stupidité des soldats, très heureuse en autre chose, leur est tout à fait nuisible en cela. Ils sont si lents et si peu instruits qu'en les attaquant en marche, les tournant et envoyant souvent de l'artillerie avec la cavalerie où ils ne s'attendent pas, on les battrait sûrement.

On ne sait plus ce que c'est que les Espagnols, on a oublié les Suédois, on n'a jamais connu les Danois, on a écrasé les Hollandais : mais, je l'ai déjà dit, les vrais enfants de Mars se trouvaient, la guerre passée, dans ces braves régiments poméraniens et brandebourgeois qu'animaient les discours et l'exemple du roi.

Bientôt l'éducation rendra toutes les nations si égales qu'on ne reconnaîtra plus personne. Un jeune homme élevé à Pétersbourg, Stockolm, Bude, ou Milan; ou la Haye, par des maîtres français, qui sont répandus partout, ressemble à celui qui est né à Paris. Le spectacle, qui s'établit à présent dans les pays les plus éloignés de la capitale des théâtres, rend encore plus général le maintien, la tournure, le ton et la langue. Berlin a la même gloire par rapport aux armes que Versailles pour la grâce. Bientôt on ne reconnaîtra plus les armées. Presque toutes veulent devenir celles de Frédéric. Si l'on a des corps de nation assez considérables pour se donner la peine d'y entretenir l'esprit, je le conseille. Si l'on n'en a pas assez, il faut que les étrangers prennent celui du service où ils sont. Qu'on ne distingue ni Turcs, ni Français, ni Russes, dans les rangs autrichiens, que tout soit soumis au même traitement, et qu'il n'y ait qu'un seul esprit vivifiant qui, de son souffle, anime ce qui n'est sans cela que *rudis indigestaque moles.* (J'ai peut-être déjà cité ce latin-là : mais c'est que rien n'exprime mieux une mauvaise armée.)

## DE LA MANIÈRE DE PARLER AUX SOLDATS

Je ne suis pas pour les harangues. Quand même les généraux espagnols et les généraux romains auraient eu le temps de faire celles de Tite-Live et de Strada, ils auraient eu tort. Ils auraient ennuyé leurs troupes, et puis c'est tout. Il faut parler peu et ferme un jour de bataille. Il faut leur parler dans leur genre : gaîment, grivoisement; de temps en temps un gros jurement bien appliqué, prononcé de bonne grâce et à leur façon, fait de l'effet. Il faut savoir leurs proverbes, leur manière de causer entre eux, leur jargon de société, et le ton de la nation ou du régiment. Il y a des officiers qui, un jour de bataille, ont l'air de prier les soldats de faire leur devoir : ils les caressent, ils les appellent « mes enfants », et leur parlent fort durement le reste de l'année. Les soldats sont les premiers à s'en apercevoir. Ils s'imaginent qu'on les craint, et il faut alors montrer qu'on n'a peur de personne. D'autres étourdissent leur troupe pour s'étourdir eux-mêmes. Ils font beaucoup de bruit pour s'animer en l'animant. Les soldats ne sont pas encore la dupe de ce genre-là. Ces tapageurs sont bientôt connus. Ils s'agitent, ils s'égosillent, ils se mettent en colère, ils menacent, ils écument, ils se tuent pour faire tuer les autres, ils crient des *Vivat Maria-Therezia* qui ont l'air de convulsions, ils galopent vingt fois devant le front. Ils s'agitent avant la bataille, ayant l'air de dire beaucoup et ne disant rien, et ne parlant à personne à force de parler à tout le monde.

J'en ai vu qui, pour encourager, représentaient que, ayant mangé si longtemps le pain du souverain, c'était le moment de l'en dédommager. Je n'aime pas ce calcul-là et c'est une bien petite idée. On n'en doit avoir dans ce moment-là que de nobles, de vives, de sublimes! Qu'on se laisse aller à son génie. Il y a peut-être des gens qui sont inspirés sans le savoir; un jour de bataille est bien fait pour l'inspiration.

Les officiers ou les généraux qui ont le plus vu leurs troupes dans le courant de l'année, qui se seront attachés à gagner leur confiance, qui auront mangé de leur soupe en visitant les chambrées, qui les auront bien traitées en revenant de l'exercice, lorsqu'elles auront bien manœuvré, qui leur auront fait des contes pour les amuser en y allant, qui auront eu soin des enfants des soldats mariés, qui auront assisté leurs veuves, distribué de l'argent de temps en temps, et une justice parfaitement égale; ne courent aucun risque à les traiter durement un jour de bataille. Je crois avoir déjà dit que les soldats remarquaient tout. Cela est si vrai que, à l'exercice, un mot dit de travers, un commandement répété ou oublié, une distraction ou une maladresse des officiers les fait rire.

Il me paraît à cette occasion que cette faculté-là, qui distingue si bien notre espèce des autres qui ont peut-être plus de joie que nous, mais qui ne savent pas l'exprimer, se fait mieux sentir dès qu'il y a beaucoup de monde assemblé. Un rien fait partir des éclats. On ne rit jamais tant au spectacle que lorsqu'il est rempli. Puisque la multitude est aisée à émouvoir et ensuite à mouvoir lorsqu'on la connaît, il faut l'étudier. Il faut paraître bien sûr de sa besogne, quand même on ne l'est pas; donner des ordres aux officiers et aux bas-officiers du troisième rang, assez haut pour être entendus en faisant semblant de vouloir qu'ils ne le soient pas. Ces ordres seront de tuer le premier qui quitte sa place, soit pour fuir, soit pour piller, soit même pour être plus brave que son camarade. Il faut passer plusieurs fois devant le front et, d'un air bien tranquille, expliquer à tout le monde ce qu'il a à faire, recommander le silence, le plus grand ordre, la crainte de ses officiers, fixer bien l'attention de tout le monde et faire passer insensiblement dans tous les cœurs la joie qui doit régner dans le sien. Il faut nommer les actions précédentes où la troupe s'est distinguée, dire qu'on ne lui recommande pas la valeur, parce qu'on en est sûr; et puis une gaîté, une grivoiserie, un juron, et marcher à l'ennemi.

Ceci, c'est pour ces jours brillants qui décident du sort des empires; mais pour les autres, qui les précèdent et qui doivent y contribuer, il faut se donner de garde de tomber dans le commérage, la familiarité et le discrédit. J'ai encore vu des officiers à qui cela arrivait en voulant en imiter d'autres à qui la même chose allait bien. Il y a des riens, des imperceptibilités, dont on ne peut pas rendre compte. Il y a dans tout un certain tact qu'on ne peut exprimer, et du goût dans les choses qui en paraissent le plus éloignées.

Rarement ceux qui écrivent ont vu de près les choses qu'ils traitent. Les auteurs militaires que nous lisons ont cru n'avoir rien de mieux à faire que de faire des livres. Ils ne sont entrés dans aucun détail et n'ont pas mieux parlé service que les anciens philosophes, qui travaillaient sur la tactique sans savoir remuer un soldat. J'aurais voulu voir Follard exercer un peloton; j'aurais voulu savoir si M. de Puységur aurait su former son rond, et je parie que M. de Quincy ne connaissait personne des corps où il avait servi.

C'est pour cela qu'on dit toujours des choses vagues, et que je compte me faire un mérite en en disant de peu sublimes, mais de rares pour un faiseur de livres.

Une de celles-là, par exemple, c'est encore un moyen sûr de se faire aimer des soldats : ils s'imaginent toujours qu'on les trompe; il faut se prêter à cette radoterie; il faut entrer dans cette méfiance : jurer, crier, dire que l'on fera pendre tout le monde, quand même on serait sûr qu'il ne leur est arrivé aucun tort. « Ah ! voilà un brave homme, disent-ils, qui prend notre parti ; il est soldat dans l'âme. » Et c'est le plus bel éloge.

## DE LA POLITESSE A LA GUERRE

Il faut se brouiller tout à fait, quand on fait tant que de se brouiller. Il n'y a aucune raison pour ne pas se défaire d'un ennemi que l'on voit les armes à la main. Cette mauvaise raison, que la mort d'un homme ne finit pas la guerre, a pris partout. A force d'en laisser vivre, on s'accoutume à eux, on leur parle aux postes avancés, on les instruit de tout. Les plus fins reconnaissent les positions. Ceux qui ont le plus de mémoire rapportent tous les propos des jaseurs ; les vedettes fument ensemble ; les troupes légères pillent de concert ; les grand'gardes montent à cheval et rendent les honneurs aux généraux des deux postes ; et un camp où on peut décider de la fin d'une guerre devient un de ces camps de paix, qui n'en sont que le simulacre. Que les chasseurs commencent par tuer les curieux : si un coup de fusil est la réponse au coup de chapeau, il ne s'y en présentera plus. Si l'on examinait un peu mieux les trompettes, et si l'on pendait le premier officier qui, sous ce nom et cet habit, tâche de pénétrer tout ce qu'il peut, on ne s'y exposerait plus. Si avant de les recevoir on les renvoyait lorsqu'ils n'ont que quelque prétexte frivole, ce serait encore plus heureux pour eux. Les domestiques, les envois d'équipages, les chirurgiens aux prisonniers et les recommandations, tout cela est encore fort suspect.

C'est sur l'ennemi vaincu et malheureux qu'il faut faire tomber ses traits d'humanité ; mais, dès qu'il peut se défendre, qu'on n'en épargne aucun. Il ne faut pas plus de politesse à l'égard de son armée qu'à l'égard de celle de l'ennemi.

Les lettres me paraissent très sacrées en temps de paix; mais, en temps de guerre, il me semble qu'elles peuvent être toutes décachetées par un adjudant général de confiance. Il est aussi nécessaire d'éviter les cabales à la Cour que les intelligences avec l'ennemi. Si l'on y recevait bien mal ces prisonniers qui y reviennent, sur leur parole, passer leur hiver au sein de leur famille, et qu'on examinât bien comment ils ont été pris, je crois aussi que cela serait très essentiel. Si l'on ne permettait point d'échange ni de retour sur la parole d'honneur, ce serait déjà un moyen d'arrêter cet abus. C'était une plaisanterie aux armées anglaise et française, la guerre passée, d'être prisonnier de guerre! On dînait avec le prince Ferdinand et l'on était le lendemain à son corps. Il ne doit y avoir rien de plaisant à la guerre. On peut y être gai, — et la gaîté ne nuit pas à la valeur, elle en inspire même, — mais il ne faut pas être poli.

## DES SUCCESSEURS

Je passe à un fils d'abattre le dernier corps de logis du château que son père vient d'achever de bâtir. Cela est dans l'ordre apparemment, car cela arrive tous les jours. Mais il faudrait respecter un édifice aussi respectable que celui qui est bâti sur l'exécution des ordres et sur l'uniformité. A-t-on vu souvent l'officier général qui arrive à la tête de ce que les autres armées appellent division, et que nous nommons aile, département ou brigade, faire cas des ordres qu'il y trouve? Il n'y a que quelques paresseux qui n'examinant rien, heureusement, laissent les choses comme elles sont. Si l'on a un peu de talent, on veut en donner des preuves, et, comme on travaille toujours plus pour soi que pour l'intérêt général, on veut s'annoncer par quelque trait de lumière.

Ce n'est pas là une des choses les moins dangereuses de notre métier. Métier d'honneur! Pourquoi ne méritez-vous pas toujours ce nom?

Que les ambitieux attendent, que les imaginatifs s'arrêtent : il y a tant d'occasions dans le cours d'une carrière militaire!

Pour le colonel qui arrive, on sait qu'il sera doux, si son prédécesseur a été sévère. Heureux encore si ce n'est qu'à l'égard des soldats, et qu'il tienne bien les officiers. On est sûr aussi que, pour se faire un mérite vis-à-vis de ses généraux, il sera dur, si celui qu'il remplace n'était qu'indulgent. C'est un hasard. L'un arrive au point de gagner la confiance des inférieurs; l'autre se trouve dans le cas d'avoir celle des supérieurs! Le grand nombre séduit le premier, la puissance console le dernier! Si celui-là ne faisait qu'allonger, ou celui-ci que raccourcir les habits, il n'y aurait pas encore là de quoi se fâcher tant. Mais c'est à la discipline, à l'exercice et presque à la justice qu'ils en veulent.

Il y a les points fondamentaux de tout cela. Il y a bien les règles générales de service. Mais dans notre règlement, qui est le meilleur de tous ceux que j'ai lus, — et assurément j'ai examiné les plus anciens, et tous les nouveaux de Prusse, de Russie, de Hollande, les Espagnols, même les Portugais et un peu les Français, — dans ce règlement enfin, il n'a pas été possible de tout prévoir. Il y a des aides, des moyens, de ces choses où le chef le plus habile, interprète des ordres du plus grand des souverains et qui sera plus grand encore s'il en a des occasions, nous dit toujours qu'il ne parle pas à des automates, à des machines. Sans doute qu'ils veulent tous les deux trouver des hommes. Mais qu'est-ce que c'est que les hommes? Des enfants qui de l'enfance passent à la malice, et de la malice à la faiblesse. Les honnêtes gens ! Ah ! mon Dieu ! qu'ils sont rares ! Car ce que je dis plus haut est réellement contre l'honnêteté : mais l'amour-propre est si puissant, surtout chez nous, militaires, qu'il y en a de bonne foi qui ne s'en aperçoivent pas. C'est un Protée qui prend même la forme du zèle et du désintéressement. Vous voyez de ces généraux et de ces officiers d'état-major qui, sans avoir l'air d'y toucher, font de ces tours que j'ai cités tantôt. Nous sommes bien charlatans. C'est apparemment parce que notre profession est de paraître en public, et, lorsqu'on ne nous fait pas un théâtre tel que nous croyons mériter, nous montons sur des tréteaux.

## DES IMPOSSIBILITÉS

Il y en a en vivres. On a des fours de nouvelle construction, plus aisés et plus commodes que les anciens. On prend de la farine où l'on peut. On fait des biscuits, des pâtes. On enlève tous les pains d'un pays. On fait son expédition, et, si elle réussit, on prend des mesures avec les notables de la province : on les en rend responsables. On promet beaucoup, et l'on tient à la paix... si l'on peut. L'appât d'un gros gain fait faire des efforts, quand même on ne diminuerait rien des accords presque usuraires avec les grands seigneurs, ou les juifs, ou les chrétiens, souvent plus juifs que ceux du Talmud : on a peut-être, moyennant cela, gagné une bataille et un royaume.

Il y en a en marches. Qu'on parle, qu'on donne, qu'on anime, qu'on récompense... Je suis sûr de faire faire à un corps d'armée quinze lieues de France dans vingt-quatre heures, si cela est absolument nécessaire, et trente peut-être, si j'emploie tous les chariots d'un pays, nos chariots même, les chevaux de notre artillerie, de nos vivres, ou de notre cavalerie. Si le projet est beau, rien ne doit l'arrêter.

Il y en a en chemins. Il est prouvé qu'une armée passe où une chèvre a passé. Avec des cordes même on peut porter du canon sur les plus hautes montagnes, y établir des plates-formes, abattre les arbres qui en couvrent le sommet depuis la création du monde, et désoler un camp ennemi, qui ne s'attendra pas à voir tomber des nues une grêle de boulets.

Il y en a en marais. Je me méfie beaucoup de cette excuse. La cavalerie en parle souvent. Qu'on saigne les eaux, si l'on en a le temps; qu'on y jette des fascines; qu'on s'y embourbe même, si l'on veut, mais que l'on passe. Pour une occasion où l'on aura tort, et encore un seul escadron en sera la preuve, on aura raison vingt fois : l'ennemi souvent, comptant sur cette difficulté, porte toutes ses troupes vers un autre point. A peine y laisse-t-il une espèce de ligne.

Il y en a en attaques. Qui était donc cet officier général à qui un officier vint dire que le poste qu'il l'avait chargé d'emporter était inattaquable et qui lui répondit : « *Je ne vous entends pas, Monsieur : ce mot-là n'est pas français* »? Mon Dieu! que cela est beau! que cela peint la belle chevalerie qui existe encore un peu, en France seulement! J'aimerais mieux avoir dit cela que d'avoir fait l'Iliade. Quelle noblesse!

Que risque-t-on à ne pas réussir à emporter une place? un camp retranché? On se retire : et les mêmes difficultés qui ont empêché d'y entrer empêchent l'ennemi d'en sortir pour poursuivre.

Quel événement, si avec tous ses dragons et ses housards, on s'abandonne sur une armée en marche, dans une plaine! Si par la supériorité du nombre en cette armée, on ne parvenait pas, contre toute attente, à faire des trous partout, à profiter des plus grands, que les têtes ébranlées par cette puissante randonnée ne songeraient pas à fermer, on s'en retournerait comme on serait venu. Qui pourrait prévoir une charge en furie, en carrière, comme on dit chez nous, qui arriverait peut-être d'une demi-lieue?

La cavalerie est partagée en marche, et, avant de se trouver à un point de force capable de résister à cette irruption tartare, elle serait écharpée dans sept ou huit petits combats décousus; et alors, avant que l'infanterie se mette en masse, on a beau jeu vis-à-vis d'elle.

Autre impossibilité. Que dirait-on d'une infanterie à qui un général, qui passera sûrement pour extraordinaire, donnerait la commission d'attaquer la cavalerie? Pourquoi pas? Bien unie, bien serrée, bien alignée, bien flanquée, elle peut avancer partout, et désoler une troupe qui ne pourra jamais l'entamer, et qui peut perdre beaucoup par son feu.

Pour toutes ces impossibilités, il faut n'y croire presque jamais, se roidir contre les obstacles, se livrer à son audace, donner au hasard et forcer même la Fortune.

## DES CHOSES QUI N'ONT PAS DE NOM

Il a fallu faire des lois pour les choses les plus communes. On a été obligé de dire de tirer où l'on est. On a vu tirer en bas, les ennemis étant sur la montagne. On a tiré droit devant soi lorsqu'on était déjà tourné. On regarde au centre du bataillon, et on ne peut pas le voir : il y a des inégalités de terrain qui en empêchent.

On ne sait pas s'aider : il faut se faire des moyens, il faut tout changer, lorsque l'occasion l'exige. Un article qu'on pourrait ajouter à tous les règlements, et qu'on oublie, je ne sais pourquoi, c'est d'y manquer quelquefois. Il faut l'école du dérèglement comme l'école du désordre, dont je viens de parler plus haut.

Militaires de tous les pays, laissez-vous aller au génie, si la nature vous en a donné. Ayez de l'esprit, si vous pouvez. Prenez des connaissances. Cela dépend de vous : mais ne manquez pas au sens commun qui s'absente si souvent, par je ne sais quel sort, de toutes les armées.

## DE LA PEUR

*De tous les animaux, l'homme est le plus peureux.* C'est ce qui nous rend la plus maladroite de toutes les créatures. C'est cette manière de raison de mauvais calcul, cette espèce de réflexion qui nous empêche de faire ce que les animaux les plus lourds font tous les jours. Aussi il n'en est aucun qui n'ait la supériorité sur nous, et qui ne nous fît du mal, s'il l'entreprenait. Avec un peu de courage nous sauterions aussi bien que les singes, et nous tomberions peut-être d'un troisième comme les chats sans nous faire du mal. Voit-on le lièvre, qui ne passe pas pour tout ce qu'il y a de plus brave au monde, avoir peur du tonnerre? La biche, qui passe pour craintive, craint-elle les revenants?

Combien de braves gens, d'ailleurs, à ce qu'on dit, ne tremblent-ils pas de se trouver seuls dans un bois pendant la nuit et l'orage? Le vent n'en empêche-t-il pas même de dormir? J'en ai vu à qui le mugissement des vagues de la mer, et même la marée qui remonte vers les dunes, donnaient cet air étonné qui vient de la suspension des sens, cet air enfin qu'inspire si souvent une batterie de canons.

Comment l'homme n'aurait-il pas peur du feu? Il a tant peur de l'eau! C'est le seul de tous les êtres qui ne sache point nager. Il n'y a point de sanglier qui n'y soit habile en venant au monde. A peine y sommes-nous qu'on nous en inspire la crainte. Nourrices, gouvernantes, précepteurs, moines, parents, on nous menace, on nous intimide. La peur de l'autre monde, qu'on nous apprend le plus tôt qu'on peut, nous en fait avoir encore très souvent dans celui-ci, dans ces moments où la voix seule de l'honneur devrait se faire entendre. Aussi il faut savoir apprécier ceux qui marchent sur les pas des héros, et souvent ceux qui en ont la réputation.

Si on étudie les physionomies avant la bataille, on saura à quoi s'en tenir. Quelque chose de bien singulier que j'ai toujours vu arriver, c'est que, dans la halte que l'on fait faire ordinairement pour ranger les régiments, les faire reposer et leur donner les dernières instructions, il prend une quantité de besoins à une grande partie des deux lignes. L'absolution générale qu'on leur donne ensuite ne les fortifie pas contre cette faiblesse de la nature. L'ordre qu'on a distribué la veille n'était pas fait non plus pour les rassurer. Il est souvent conçu en ces termes : « *Demain on se mettra en marche avec la grâce de Dieu. On ira sous les armes aux trois premiers coups de canon d'alarme; les chirurgiens se trouveront vers le centre, les aumôniers seront à la gauche et les chariots pour transporter les blessés seront à la droite.* »

Quelle différence de la manière du grand homme dont nous avons trouvé l'ordre dans la poche des officiers tués à Collin, qui était : « *Demain on battra l'ennemi; après-demain on marchera à Vienne !* »

Je ne sais si c'est faute de savoir inspirer la valeur qu'on nous fait accroire qui régnait autrefois dans les armées de Rome et de Carthage ; ce qu'il y a de sûr, c'est que la moitié de celles que j'ai vues meurt de peur avant de commencer, et la moitié qui reste n'est pas tout à fait tranquille, n'a pas un air bien assuré. Il faut la partager en différentes classes. Dans la première, les braves par tempérament : c'est le plus petit nombre, mais c'est le plus sûr. Dans la seconde, les braves par réflexion : ils ont plus de mérite, mais ils sont sujets à caution. La troisième, les intéressés, ce sont les moins intéressants, car c'est pour garder les charges qu'ils possèdent et en acquérir de nouvelles qu'ils affrontent la mort. On peut même partager encore cette classe én deux parties. Les ambitieux bien décidés ont un grand fonds d'honneur qui les rend capables de tout entreprendre : ils ont calculé l'avantage et le danger, et ils s'y livrent avec assez de fermeté pour conserver le sang-froid qui caractérise la plus belle des bravoures.

La plus petite subdivision de cette dernière classe-ci tient si fort à celle des gens qui s'en vont tout à fait qu'elle rend bien peu de services pendant le combat. Ils y ont si mauvaise grâce, ils y parlent si mal, ils ont les idées si embrouillées, ils s'aident si peu, ils ont le visage si long, ils tiennent si mal leur épée, qu'on les connait fort aisément. Je conseillerais au général commandant de leur envoyer quelques surveillants pour donner un autre ton à la besogne qu'ils doivent faire.

Un jour de bataille, le bon air, un cheval superbe, un magnifique équipage, de la frisure comme au bal, si on en a le temps : tout cela est remarqué du soldat, et lui inspire du goût et de la confiance pour celui qui le mène gaîment et brillamment à la mort ou à la victoire.

La sensibilité, cette plus belle partie de nous-même, la délicatesse enfin est encore un effet de la peur, puisque c'est celle qu'on a du jugement des hommes qui nous maintient souvent dans la pratique de la vertu. C'est la crainte des supplices qui arrête l'autre partie des hommes. Tout est peur dans le monde, tout y fait peur, et c'est la puissance la plus étendue partagée entre deux maîtres, puis des maîtresses, des prêtres, le bourreau et le roi. Cependant, pour diminuer ce mal, il faut s'imaginer qu'il n'est point incurable, il faut travailler à le prévenir. On a même eu tort jusqu'ici de désespérer de ceux qui n'annoncent pas une certaine ardeur. C'est souvent le défaut de l'éducation. Elle serait très bonne aujourd'hui, si l'on était décidé à ne plus faire la guerre. Mais on n'en est pas encore là. Les rêves de cet homme de bien dont parlait le Régent ne sont pas encore prêts à s'accomplir; et, en attendant que la philosophie gagne encore plus généralement, il faut au moins jouir de son reste et profiter du temps pour se distinguer. Nous touchons au temps où, à force de parler d'humanité, d'égalité, d'indifférence et de repos, on sentira qu'il est beaucoup plus doux de filer des jours d'or et de soie que de les exposer. En attendant, il faut de nouveaux moyens et de fort grands pour entretenir le courage, ou plutôt le faire renaître.

On a peur de tout, je l'ai déjà dit : en voiture, à cheval, sur l'eau. Et cela passe dans le monde ! On en rit comme de la peur d'une femme. On s'y accoutume, on ne sent pas qu'il y a de la honte, et tout cela augmente à mesure qu'on vieillit. Il faut étudier les effets qui ne sont pas sensibles sur ceux qui le sont. Je suis persuadé que ce qui déshonore un homme dépend souvent de quelque circonstance. Son physique étonné, puis ébranlé, puis dérangé tout à fait, y est pour beaucoup. Je vois des têtes troublées à l'exercice au feu. Le bruit en impose, et je suis persuadé que c'est celui que l'on fait autour de poltrons; c'est le feu qu'ils font ou qu'ils font faire, c'est celui de l'artillerie ou de la mousqueterie des corps où ils sont, plutôt que les coups de l'ennemi, qui, attaquant leur faible cerveau, leur fait prendre ce parti si honteux. J'y ai été assez exposé pour y être fait; mais, pour me raccommoder au tapage, j'irais volontiers au parc d'artillerie me faire tirer trois ou quatre cents coups de canon, pour voir si je donnerais pendant ce temps-là mes ordres avec autant de netteté qu'un autre jour.

On devrait essayer les jeunes gens qui entrent au service à des choses difficiles, à grimper les rochers, à passer des précipices, à des courses de chevaux, à des sauts périlleux, les perdre dans des nuits obscures, les égarer à la chasse dans des forêts.

Les propos, les exemples, peuvent aussi relever le courage qui s'éteint presque par tous les ouvrages qu'on lit. Les vers sont faits pour inspirer l'honneur aussi bien que l'amour. C'est dommage qu'on ait accablé la chevalerie de ridicule : il ne serait pas mauvais d'en relever l'esprit. Les fêtes pourraient remplir cet objet-là. Les théâtres, les bals, les mascarades, les tournois, la musique même, tout cela n'est point à négliger. Et si les Romains ont eu si longtemps cet amour si violent pour la gloire qui leur a fait faire de si belles choses, c'est souvent à ces encouragements-là qu'ils l'ont dû.

Enfin, à propos de musique, n'avons-nous pas l'exemple de ce que produit le son de la trompette sur les chevaux ? On les voit s'animer et peut-être on pourrait retrouver pour nous cet ancien mode qui enflammait les esprits, au point qu'il fallait bien vite en toucher un autre pour prévenir des combats.

Nous sommes des pantins : c'est aux législateurs à savoir nous remuer. Il nous faut d'autres cordes qu'autrefois. Nous ne nous laisserions plus prendre à la biche de Sertorius, à la nymphe de Numa, au démon de Socrate, à l'ange de Mahomet, etc. Mais il est encore des moyens de faire de nous tout ce qu'on veut. C'est ainsi que le butin, le pillage, peuvent rendre tout possible au soldat, et que les cordons, les grades et la gazette font mener une vie orageuse et pénible à ceux qui la passeraient dans les délices.

## DES RECRUES

Je suppose cent enfants par bataillon. Il y en aurait au moins tous les ans cinquante en état de porter les armes par régiment. On en pourrait tirer cinquante aussi des maisons de force, où l'on enferme les mendiants valides. Cent hommes que l'on engagerait des déserteurs des autres puissances suffiraient pour compléter tous les régiments à qui je ne suppose pas une perte aussi considérable chaque année, et tous ces moyens de recrues coûteraient bien peu et ne seraient point à charge au reste de la nation : on ne désolerait point les familles par des engagements forcés; on ne porterait point l'alarme dans les villages ces jours de fête destinés à se réjouir; on n'arracherait point dans les villes, à ceux que l'industrie a placés à la tête de quelques établissements, les ouvriers utiles aux manufactures.

Si, par hasard, les sujets venaient d'eux-mêmes se ranger sous les drapeaux de leur souverain, l'on pourrait être sûr d'une classe de gens à qui l'amour de la gloire et le zèle pour la patrie a fait prendre un parti qui est ordinairement la suite de la séduction, de l'ivrognerie, de la ruse ou du crime. Ce serait dans les corps les gouverneurs des étrangers et des enfermés dont j'ai parlé plus haut. On en ferait des bas-officiers excellents et bien fidèles. Ils ne coûteraient presque rien d'engagement, parce que ce serait l'envie de servir qui seule les y déterminerait. Si l'on trouve mauvais que tout ce que je destine à la recrue n'est point une classe de gens pareils, qu'on sache qu'à présent l'ordre et la discipline égalisent les caractères, les humeurs, les dispositions, et qu'un Perse qui aurait fui devant un Macédonien aurait été dans nos armées aussi brave que lui.

Je n'ai parlé jusqu'à présent que des recrues de l'infanterie. C'est que je voudrais qu'on y recrutât la cavalerie, parce que les fantassins, ennuyés de porter soixante coups pendant huit heures de marche, et d'aller au bout de cela lentement à la mort, se trouveraient bien soulagés d'aller la porter eux-mêmes au galop dans les bataillons ennemis, et ils se croiraient avancés de faire le reste de la guerre à cheval.

## POINT DE MÉLANGE

Il faut essayer, je l'ai déjà dit, il faut donner un nouveau ton à l'âme, si on peut se servir de cette expression; il faut la mettre en mouvement, il faut du nerf. Sortons de cette apathie militaire de tous les pays. Que le mien jouisse le premier de l'avantage de faire ce que je dis.

Nous nous battions pour la Patrie quand la Patrie était notre mère. C'est une marâtre à présent qui bat ses enfants. Nous sommes contrariés par toutes les parties du gouvernement : ce malheureux civil, si incivil, nous tourmente; les dicasters sont contre nous; la chicane, l'injustice, l'autorité, la faveur nous oppriment; s'il y a une querelle dans une ville, le bourgeois a raison : l'officier est aux arrêts, le soldat est au prévôt; le chef de corps est grondé. Au lieu d'engager à la recrue, on l'arrête par le peu de crédit qu'on donne au militaire. Le frère qui sert paraît au frère qui ne sert pas un mercenaire à charge à l'Etat. On ne se soucie pas de faire gagner un procès au soldat qui a un peu de bien et, par conséquent, des affaires. Les juges s'intéressent plutôt à son cousin. On craint son retour chez lui. (Les jeunes filles du village sont les seules qui s'en réjouissent.) C'est beaucoup si on ne prêche pas contre lui après le prône. On empêche un officier prêt à faire fortune de se marier. On le décrie, on a peur que cet argent ne se dépense à l'armée.

Ne pourrait-on pas changer tout cela? N'est-ce peut-être pas le mélange des nations qui empêche que les troupes et la Patrie ne fassent qu'un; on confond peut-être ensemble tout ce qui les compose.

Mais si l'on disait : premier régiment Bohême, second régiment Bohême; premier Hongrois, second Hongrois; et puis premier, second, troisième étranger, ainsi du reste, il y aurait esprit de corps et esprit de pays à la fois. Pour les derniers, il n'y aurait que l'émulation de surpasser les sujets de la puissance qu'ils servent. Mais, pour les autres, il est à présumer que les royaumes dont ils seraient s'intéresseraient à leur honneur, à leur bien-être, à leur conservation. Ils s'intéresseraient de même à la gloire de la Patrie dont ils porteraient le nom. Celui de la dixième légion ne s'est jamais effacé de notre mémoire. On aurait confondu celui d'un Gracchus, d'un Trebonius qui en aurait peut-être changé dix fois pendant la guerre des Gaules. Pour ne point ôter aux chefs des régiments l'agrément d'être connus partout, on mettrait leurs noms, leurs chiffres, leurs armes et leurs devises partout. Il ne faut point sacrifier leur gloire en élevant celle des autres. C'est de cet ensemble des deux gloires, qu'on assurerait l'une par l'autre, que le souverain et l'Etat relèveraient l'honneur des citoyens.

## DES CHOSES EXTRAORDINAIRES

Se souvient-on que mon premier principe à la guerre est de n'en pas avoir? Comment voudrait-on en appliquer deux parfaitement égaux? Y a-t-il deux situations parfaitement de même? Il en est des combats comme des visages: quand ils sont ressemblants, c'est beaucoup.

Qu'on commence par les choses ordinaires, cela est tout simple. Que pour faire du neuf on ne mette pas la cavalerie à pied et l'infanterie à cheval, les chasseurs dans des barques et les pontonniers sur des arbres; mais qu'on tire parti de tout ce qui compose une armée, qu'on la bouleverse entièrement, qu'on change la destination de toutes les armes, s'il en est besoin. Ce qui fait que je n'aime point les auteurs militaires, c'est que je veux être plésion mâle et plésion femelle, colonne, phalange, cohorte, bataillon long et mince, manipule, centurie et légion, et rien de tout cela, si la fantaisie m'en prend. Par exemple, si un brouillard s'élevait tout d'un coup entre les deux armées, et que la crainte d'exposer des troupes empêchât de manœuvrer, pourquoi n'éparpillerait-on pas le premier rang de la première ligne? De même, si un terrain, devenu marais tout d'un coup par un orage, empêchait d'y mener les bataillons, pourquoi ce premier rang n'irait-il pas aborder, provoquer et tirer au blanc la première ligne des ennemis? Même en plaine, avant la bataille, soutenus à la vérité par quelques housards qui empêcheraient ceux des ennemis de venir ramasser ces tirailleurs, ils pourraient ainsi porter la désolation partout. Si l'ennemi tire sur eux, un peloton dépensera quarante-huit ou cinquante cartouches contre de malheureux isolés qui en occuperont la largeur et qui vraisemblablement seront manqués.

(Quoique j'aie évité jusqu'à présent de me citer, je dirai que, ne sachant comment me débarrasser des chasseurs prussiens, qui avaient tué plusieurs de mes officiers et une assez grande quantité de soldats dans un bois où je commandais, je fis faire feu plusieurs fois à un bataillon entier; j'allai voir ensuite ce que j'avais tué : je n'y trouvai pas un homme!)

Des chasseurs... des grenadiers... des piquets... des volontaires, disent les Français. J'aime assez les bonnets à poil et à plume; je fais grand cas de l'ajustement; je sais qu'il est même très nécessaire aux recruteurs, aux traits galants et à tous les très galants; mais qu'on ne transporte pas d'une extrémité de l'armée à l'autre les gens qu'on s'imagine destinés à une partie de la guerre plutôt qu'à l'autre parce qu'ils ont de petites bottines ou une espèce de casque. Chaque souverain doit avoir cent mille hommes en état de remplir le même objet et tous les objets différents si l'on veut.

## DES LOGEMENTS

Sans étendre les grades militaires aussi loin qu'en Russie, où le médecin et le postillon de l'Impératrice sont revêtus de titres honorables, il serait nécessaire qu'il y eût des généraux dans les affaires du gouvernement. Il paraît que de l'être est une raison pour perdre la considération qu'ils auraient dans leur pays s'ils ne l'étaient pas. Je crois que c'est mal vu. Ce ne sont pas ceux-là que la fureur du service conduit tous les matins à des plaines de manœuvres qui pourraient s'assujettir à des séances pour l'administration, mais ceux dont la santé, la volonté peut-être et les talents ne les portent pas aux grandes aventures. Ils seraient par leur rang obligés à soutenir les intérêts de la partie la plus chère et la plus précieuse à l'Etat. Il n'y aurait plus de ces disputes qui lui sont si préjudiciables. Les grandes charges étant données aux ministres, les ministres étant ordinairement les plus grands seigneurs, et les plus grands seigneurs étant toujours à la Cour, la partie civile prendra toujours le dessus sur la partie militaire.

Celui qui les réunirait toutes les deux ne serait pas plus porté à écouter les clameurs des villages que les plaintes de l'armée. Celle-ci ne combattrait plus que l'ennemi, et ne serait pas dans la crainte continuelle d'être réformée, mal nourrie et mal logée. On voit des pays se plaindre si on leur envoie beaucoup de troupes. Ils disent que les soldats sont à charge aux paysans chez qui ils logent, qu'ils les tourmentent, qu'ils les empêchent de travailler, qu'ils sont exigeants. Le curé dit qu'ils sont de mauvais exemple; le seigneur, qu'ils recrutent ses vassaux. D'autres pays prétendent que, s'ils avaient des troupes, il y aurait plus de consommation de vivres, que l'argent ne sortirait plus, que la population même y gagnerait. Je vois partout le militaire faire des mécontents d'une façon ou de l'autre.

Ce n'est point un roman que je fais. L'exécution serait facile. Qu'on distribue dans les landes, les bruyères, les pays perdus trop secs ou trop humides, des terres aux soldats; ils dessécheront les unes, ils arroseront les autres, ils défricheront, ils laboureront. On verra encore renaître ce temps, ce beau temps, où *gaudebat tellus vomere laureato.* On en sait plus en agriculture et en guerre à présent que Cincinnatus. Nos soldats sèmeraient mieux dans le mois de mars, exerceraient mieux le mois d'avril, de mai et de juin; on moissonnerait mieux ensuite, vendangerait peut-être et planterait encore après.

Ces villages militaires seraient entourés comme les camps des Romains. Sans avoir l'air de se méfier de personne, on observerait tout le monde. Les généraux, les chefs



BIBLIOTHÈQUE NATIONALE IMPRIMÉS

de toutes ces hordes, les officiers, les métiers et les marchands les plus nécessaires logeraient extérieurement et entoureraient ces habitations par une ligne circulaire. Quoiqu'il serait nécessaire d'y établir la confiance et qu'établissant ainsi le soldat, il est tout simple qu'on la gagnerait, il y aurait des patrouilles, des piquets, des grand'gardes, pour entretenir toujours l'esprit de service. Les vergers deviendraient des Champs de Mars, et les troupeaux feraient place aux bataillons.

Si l'on trouve ce projet trop vaste, en voici un bien plus simple.

Que les villages, que les paysans qui logent, et que les villes qui logent mal, se rachètent de cette obligation; que l'on bâtisse des casernes et qu'on les bâtisse à mon gré. Qu'on y déploie, s'il est possible, toute la magnificence de la première Cour de l'Europe; que les soldats autrichiens soient mieux logés que les électeurs; que des trophées, des colonnes et la noble architecture décorent nos façades.

Si les circonstances présentes empêchent une dépense dont on retirerait cependant bien l'intérêt, qu'on s'occupe au moins de l'intérieur; qu'au lieu de ces lits larges, épais, noirs et malsains, il n'y ait que des sangles suspendues avec quelques lattes pour les soutenir; que l'air, moyennant cela, puisse y passer toujours en repliant le matelas épais de cinq pouces et large de deux pieds; que chaque homme ait le sien; qu'il y ait au moins un grand pas de distance de l'un à l'autre, et jamais de feu dans la chambre où l'on couche. Il vaut beaucoup mieux qu'il y ait soixante lits dans une grande salle bien éclairée.

Une autre salle pareille à l'autre à l'extrémité du bâtiment où logerait l'autre moitié de la compagnie; deux salles de la même grandeur qui seraient leurs salles d'assemblée, chauffées un peu pendant l'hiver, et au milieu une cuisine générale. On ouvrirait les fenêtres partout. On ne coucherait point et on ne passerait pas la journée dans cette infection et cette odeur de mangeaille, si malsaine.

Dès qu'on aurait fini son repas, sur les cinq grandes tables qui seraient dans chaque salle d'assemblée, on rapporterait les pots au buffet général; des bancs, plus larges qu'ils ne le sont ordinairement, serviraient de canapés tout le long de la muraille. Il y aurait outre cela des bancs circulaires autour de chaque table, et quelques sièges volants pour ceux qui n'aiment pas l'ordre. C'est là que se mettraient les conteurs, les plaisants et les musiciens. L'on danserait peut-être autour d'eux, et, dans les joies générales, on verrait de ces rondes qui annoncent si bien la gaîté. On s'accoutumerait pour cela à faire passer dans la cuisine les cinq tables qui seraient faites de manière à être transportées, de même que pour exercer lorsqu'il ferait mauvais temps. Partie par ordre, partie en manière de plaisir, les vieux soldats y instruiraient les recrues.

Qu'on ne dise point que tout cela est chimérique. Chaque salle serait de 45 pieds en carré. Ce serait par conséquent 225 pieds pour une compagnie. Doublant cela, ce serait 450. Deux étages et le rez-de-chaussée logeraient un bataillon. Une petite mansarde légère ou plutôt un attique, avec un toit à l'italienne qui lui donnerait de la grâce, logerait les femmes, les enfants et les magasins. Qu'on examine les horribles bâtiments où sont renfermés nos malheureux, condamnés à l'ordure et l'obscurité : on trouvera que, avec la perte du terrain par les escaliers toujours roides et mal faits, avec les corridors et les dix ou douze mauvaises petites chambres qu'il faut à chaque compagnie, on occupe plus d'espace de cette façon-ci que de la mienne. Mes escaliers à moi seraient pris dans les angles de la cuisine générale, que j'arrondirais, pour y donner plus de grâce, en manière d'ovale.

Pour l'économie, il y aurait certainement les deux tiers

de profit à faire sur le chauffage seul. Mes petites sangles feraient un objet très considérable eu égard à la dépense présente des bois de lit et des paillasses; plus de criailleries, plus de plaintes : bon air et l'air gai partout. La propreté et la santé, qui en dépend, devraient être seules deux motifs assez puissants pour exécuter dans l'instant ce que je propose ici.

Les armes seraient les plus beaux meubles de ces appartements. Dans l'élévation, qui serait aussi de 45 pieds, il y aurait la garde-robe de chaque soldat, placée dans des tablettes au-dessus de son lit. Son fusil et son sabre en sautoir à côté de lui. Les bas-officiers auraient chacun un petit bureau pour leurs affaires et une armoire, et, en tous genres de commodité, on ne négligerait rien pour donner la plus grande idée de l'ordre de cet établissement. Je ne sais si les cuisines dans les souterrains ne vaudraient pas encore mieux que ce que je dis plus haut. Il faudrait alors les voûtes fort plates, que la cave eût trois pieds au-dessus de terre et la fenêtre cinq.

Point de prison, de porte, de mur, pour enfermer ces casernes. Que tout y soit exact, mais que tout y respire la liberté. Que ces bâtiments soient au milieu d'une grande prairie qui en fasse la cour. Qu'on exerce, qu'on y saute, qu'on y coure aux barres, qu'on y joue à toutes sortes de jeux qui fortifient le corps et amusent. Que cette prairie ne paraisse pas être entourée. Mais cependant qu'elle le soit d'une haie qui, ne lui ôtant pas la vue de la campagne, lui en communique le bon air. Pour ne pas perdre trop de terrain, on ne peut guère prendre plus que la largeur du bâtiment qui serait d'un demi-bataillon; on pourrait marcher comme cela, en avant et en arrière, à peu près 150 pas, et, après avoir travaillé dans les chambres d'assemblée, s'il pleut, pendant l'hiver (dans la prairie, s'il ne fait que froid seulement), on n'exercera plus que par bataillon, par régiment et même par brigade à l'automne, après la moisson, dans les champs.

## DE LA RELIGION

Ne jugez pas gens de bien.
*Nolite judicare ne judicemini.*

Les demi-dévots sont presque toujours des demi-braves, et ils ne valent pas mieux que les demi-savants. Mais je compterai, à la guerre, plus sur les véritables dévots que sur ceux qui, moitié croyants et moitié libertins, ont grand'peur du diable et, par conséquent, de l'ennemi : un seul païen déterminé ferait fuir certainement dix mauvais chrétiens de cette espèce. Mais celui dont l'esprit persuadé et amené par la foi qu'il professe à l'entier accomplissement de ses devoirs, qui ne rougit pas de ceux de l'Eglise, en aime bien mieux ceux de soldat. Que craint-il? S'il a offensé, il s'est réconcilié. Son intention est même d'offrir au Créateur les lauriers qu'il va cueillir en son nom, et, s'ils sont scellés de son sang, il est sûr d'un avenir plus heureux. C'est cet article de la réconciliation que n'ont pas les autres religions, et c'est lui qui doit troubler les consciences au moment du combat.

## DE L'HONNEUR

Beau nom, idole de nos âmes, que vous êtes souvent profané! Parole d'honneur! Affaire d'honneur! Point d'honneur!... Et l'on s'accoutume aux mots, et ce ne sont plus que des mots. Il est déjà assez malheureux que l'honneur soit en contradiction avec l'humanité, sans qu'il le soit encore avec les lois.

Il est temps de décider entre l'infamie et l'échafaud. Que chaque régiment ait son tribunal. Il y en a un dans je ne sais quel pays qui ne sert qu'à ôter l'honneur au lieu de le conserver. Il ne faut pas au mien d'exempts, de gardes, ni rien de ce qui approche la police : la sensibilité n'en connaît pas. Six capitaines reconnus pour les meilleures têtes du corps donneront des conseils à un jeune homme qui n'aurait pas senti la valeur de quelques propos à son égard. Les réparations devraient être publiques. Pour ne pas avoir la réputation d'aimer à se battre, on se battrait rarement, mais bien. Il n'y aurait plus de ces petites vilaines batteries de tous les jours, dont les blessures se guérissent en remettant l'épée dans le fourreau. Celui qui en aurait plus de trois de la bonne espèce dont je parle, quand même il aurait raison, serait obligé de quitter le régiment, de même que ceux qui ne voudraient pas accepter un accommodement, quand les six capitaines le jugeraient convenir. Si l'on croit que ce nombre ne suffit pas, qu'on y ajoute deux lieutenants, deux sous-lieutenants et deux enseignes. Qu'ils remontent à la source. Si c'est une affaire de digestion plutôt que d'honneur, ce qui arrive très souvent, qu'on s'embrasse. Il n'est pas juste que celui qui se porte bien périsse des mains de celui qui se porte mal et qui n'a de l'humeur qu'à cause de cela. Si c'est plaisanterie, qu'on l'entende. C'est assez dur d'être ennuyé par les sots, sans encore se faire tuer par eux. Si le cas est grave, qu'on ne cherche point à arranger et qu'on laisse se couper la gorge à ceux qui auraient de plus grands malheurs s'ils ne le faisaient pas. Se battre corps à corps aux postes avancés, ce qui pourtant est permis, devrait être autant contre les lois divines que de se battre avec son camarade.

Que les interprètes des textes sacrés apprennent, d'abord pour eux et puis pour les autres, que le pardon des injures est d'oublier l'offense après l'avoir repoussée, et de devenir même l'ami de son ennemi. Si le préjugé sur les affaires était détruit au point de se dire des horreurs, sans se fâcher, comme les Romains, qui étaient graves, patients, difficiles à faire rire et à émouvoir, tout serait dit. Mais on se bat, on se bat mal, on s'accuse, on se déshonore, on se perd; et la politique, qui devrait si bien s'entendre avec la religion, ne s'en sert pas d'abord pour diminuer le mal et puis pour le déraciner tout à fait.

## DE LA SÉVÉRITÉ

La véritable ne s'annonce pas, elle n'est pas revêtue d'un appareil odieux : la terreur ne marche pas devant elle; mais la fermeté et une crainte juste l'accompagnent.

Il faut la distinguer de l'austérité. Celle-ci met du prix à toutes les non-valeurs des jugements rétrécis par l'ignorance et la prévention; elle fait fuir le plaisir; elle fait la guerre même aux tolérants, inquiète tout le monde et porte le trouble et la désolation dans les garnisons et dans les camps.

Qu'on punisse ceux qui se cachent, sachant qu'ils font mal. Tous ces petits crimes à la dérobée ont des suites plus fâcheuses que ceux qui se commettent ouvertement. Je passerais plutôt une grande table de pharaon aux postes avancés, où il faut tenir les officiers alertes et dispos, réunis et fort gais, que tous ces tête-à-tête et ces petites parties de gens qui se ruinent. La publicité de Lacédémone devait ôter beaucoup aux plaisirs et c'était peut-être l'intention du fondateur. La publicité par rapport au jeu dans une armée ferait connaître ceux qui s'y livrent le plus ardemment. Cela les retiendrait, et, avec l'air de laisser faire à chacun ce qu'il voudrait, on viendrait à bout de ce qu'on ne peut guère empêcher.

Il me semble que la première sévérité ne doit se porter que sur les premiers chefs; la seconde, sur les grades inférieurs; la troisième, sur les officiers de l'état-major. On peut être sûr que ceux-ci la feront passer, avec tout l'empressement possible, aux officiers.

Si les premiers généraux sont bien grondés, si les autres sont mis aux arrêts et si ceux qui dépendent d'eux sont mis au prévôt, la crainte des fers contiendra bien souvent les derniers grades. De compte fait au bout de l'année, il y aura bien peu de punitions, et ce colonel indulgent, pressé par ses supérieurs, ne ménagera pas plus ses inférieurs : il sera même justifié d'abord à leurs yeux. La raison se manifeste aisément, surtout quand elle est armée. — Des « fers! » dira-t-on. Quelle expression! — Le « cachot » des Français me paraît moins lyrique; « prison » n'est pas plus harmonieux et éloigne les officiers de leur corps dans un temps où ils peuvent se distinguer. Que cela est cruel et maladroit! Quel plaisir c'eût été pour des jeunes gens qui ont peut-être culbuté des tentes ou troublé le repos du quartier-général de réparer leur étourderie les armes à la main!

Il y a un article sur lequel je crois qu'on ne saurait trop sévir : c'est celui des manœuvres, même en temps de paix. On doit envoyer au prévôt un officier général qui forme sa troupe sous le canon de celui contre lequel il manœuvre. On devrait faire mettre aux fers un officier particulier dont le peloton fait feu sur un autre de son régiment ou d'un régiment voisin, car cela arrive à la guerre et à l'exercice, et je crois que ceux qui y perdent la tête ne la retrouvent pas un jour de bataille.

S'il y a des ouvertures dans une ligne, si l'on n'est pas partout à trois hommes de hauteur, s'il y a la moindre confusion à laquelle les officiers ne remédient point sur-le-champ, les punitions, et, je dis plus, les humiliations doivent fondre sur les auteurs de toutes ces fautes-là. Ce sont des crimes même, puisque de là dépend la vie de tant de milliers d'hommes et le salut de l'Etat. Aussi, que le chef de l'armée fasse pleuvoir ses bienfaits sur l'officier dont il trouve le peloton parfaitement en ordre, bien joint, bien aligné aux deux qui sont à ses côtés, et ses trois rangs bien formés malgré la poussière, le tapage et la fumée de l'exercice. Il est inconcevable qu'on fasse l'exercice sans tirer. Il ne sert absolument à rien. Quantité de régiments qu'on célébrait grands faiseurs de tours, grands escamoteurs de fusils, ne savaient plus ce qu'ils faisaient dès qu'ils avaient de la poudre. Elle ne suffit pas même : il faut des balles, et, de ces deux points employés par gradation, on passera aisément au troisième et à la dernière, qui est d'en essuyer.

Si la sévérité que je recommande ne s'exerce que sur nous dans un gouvernement, quoique je ne le veuille pas tout à fait militaire, je crois que l'armée ne peut pas se soutenir. Il serait bien juste et bien excellent, pour entretenir la parfaite égalité dans un pays, d'employer dans les charges civiles et dans la magistrature les braves et respectables officiers que les blessures ou les fatigues empêcheraient de servir. Ils me rappelleraient bien plutôt l'image d'un sénateur ou d'un consul, dans les beaux jours de la République, que des écoliers, de mauvais avocats qui, pour avoir passé licence, en prennent beaucoup dans les pays où ils sont employés. La justice distributive serait bien plus exactement observée. Nos procédures à nous sont courtes, on n'y gagne point d'argent et l'on s'y ennuie : on finit le plus tôt possible. Il n'y a ni vacations, ni commissions, ni ce qu'on appelle descente sur les lieux. Nous ne pillons ni l'accusé, ni l'accusateur, ni le souverain. On serait prompt, juste et sévère. Les deux parties d'un Etat seraient traitées également; et, quand je parle de faire justice, comme il y a justice de bonté et justice de sévérité, que la grâce soit toujours à côté du glaive. Surtout point d'échafauds : ils ne présentent qu'un spectacle horrible pour chaque individu qui pense séparément, et amusant pour les mêmes dès qu'ils sont rassemblés. On court aux bourreaux comme aux Cassandres, et les exécutions ne font pas plus d'effet, à présent, qu'une tragédie de Shakespeare.

## DE LA MÉDECINE

C'est sans avoir pris le bonnet de docteur, sans thèse, sans avoir tué personne, sans avoir lu Hippocrate, et sans le moindre respect pour ceux qui l'étudient, que je vais dire ce que le service m'a appris.

Le pain mal cuit, la friponnerie d'un entrepreneur qui y met beaucoup d'eau pour lui donner le poids, le mauvais fruit, trop de farine, l'eau bourbeuse, l'eau même la meilleure en marche, pendant la chaleur, le brandevin, les poêles trop chauffés dans les maisons des paysans, la vieille paille pourrie, l'ordure des cantonnements, toutes les injures de l'air qu'on essuie sous ces malheureuses canonnières, les ligaments trop serrés, les boutons aux guêtres, les habits trop étroits, la circulation arrêtée, les cols, les jarretières (je ne veux ni des uns ni des autres), une position trop gênée et trop longue sous les armes, l'exercice pendant la canicule, les cuirs qui se croisent sur la poitrine, le poids d'une gibecière roide et chargée de cuivre, qui écrase l'estomac, voilà les causes des maladies des soldats.

Qu'on ne les gêne pas, qu'on les habille, qu'on les arme, qu'on les équipe, qu'on les campe comme j'en donne le modèle et la description, et je réponds de conserver l'armée. Qu'on les fasse marcher et manger aux heures que je voudrai; qu'on les fasse baigner; qu'on me permette de faire pendre le premier médecin à qui je verrai, dans un hôpital, faire saigner la droite et purger la gauche, le premier chirurgien qui fera des expériences sur ces pauvres malheureux, et le premier entrepreneur qui voudra gagner sur eux. Qu'on donne du vin dans de certaines circonstances; qu'on n'épargne pas le veau, le lait, le bouillon, le poulet aux malades commençants. Dans la mauvaise eau, de l'ail, et le pain trempé dans du beurre et de l'eau chaude, pour ne pas manger toujours froid, lorsqu'on ne peut pas s'arrêter, et avec du vinaigre toutes les troupes du monde se porteront bien. Qu'on ne les tienne pas enfermées : qu'on les loge et qu'on les amuse comme j'ai dit. Point d'huile dans les chambrées ni de houille, vapeurs dangereuses l'une et l'autre. Point d'habits de laine si l'on pouvait, car elle s'imbibe de sueur et exhale une odeur putride. Point de chandelle mal éteinte; un ventilateur pour renouveler l'air; une espèce de gouttière pour l'urine qui se jette dans les lieux qui seront nettoyés presque tous les jours, et un bouchon à cette gouttière pour que l'odeur n'en revienne pas..... Point de casseroles de cuivre étamé : elles sont dangereuses. Casseroles de fer-blanc à la guerre et de terre en garnison. Point d'eau dormante : mille petits animaux y déposent leurs œufs. Point d'eau de pluie : elle ne désaltère point. On trouve des fontaines et des rivières : les premières sont les meilleures; mais qu'on fasse des étangs près des casernes et qu'on fasse filtrer l'eau. Que le soldat n'achète point de vin : celui qu'on lui vend n'est autre chose qu'une décoction de quelques fruits rouges avec de l'eau-de-vie, et lui donne des coliques affreuses. La bière est ce qui lui vaut le mieux.

D'où vient une si grande quantité d'épileptiques dans les troupes? On devrait en chercher la cause. Il n'y a point de goutte et très peu de petite vérole. On devrait aussi réfléchir sur ces deux objets, et cela serait utile pour ce qui n'est pas soldat. Presque point de rhumes, et moins de malades encore dans la cavalerie que dans l'infanterie, parce que l'odeur de l'écurie est saine, de même que le fumier lorsqu'il n'est pas vieux. Cela est singulier, mais cela est vrai.

Point de prison malsaine, sale, obscure. Petite chambre, si l'on veut, éclairée d'en haut; et là au pain et à l'eau tant qu'on voudra; car en même temps la diète est saine. Le châtiment des verges fait circuler le sang; il n'y a pas grand mal. Mais point de coups de bâton pour la santé: sur le dos, ils abîment la poitrine; sur les fesses, ils empêchent de marcher de longtemps et occasionnent de grands maux dans les environs. Point de rangs serrés en marche: que l'air y passe bien à l'aise. Point de gêne que celle qui est nécessaire pour que les soldats, qui sont aussi enfants que les enfants mêmes, ne fassent du chemin inutile. Si par hasard quelques régiments ou quelques compagnies sont obligés de camper dans un terrain humide, qu'on fasse au plus vite des rigoles autour des tentes. Cela est tout simple. On pourrait avoir sur un des chariots du régiment une fontaine de sable, même en campagne. On pourrait entourer les puits qu'on fait de cailloux et y employer au fond du gravier; s'il est possible, qu'on y jette du sel. Si, par un accident qu'on n'a pas pu parer, le pain est humide, il faut le couper par tranches et le faire griller. Pour les latrines, je crois que tous les huit jours il faudrait les combler, en faire de nouvelles et les éloigner davantage. Nous avons assez de housards pour ne pas craindre qu'on vienne y enlever nos gens. C'est du peu de précaution à cet égard, ou plutôt de l'obligation de ne pouvoir pas y faire de grands changements, que les assiégeants dépérissent presque toujours. Il n'y a qu'à voir la différence de la mine d'une armée de siège à une armée de bataille.

Ma science à moi n'est pas de guérir les maladies, mais c'est de les prévenir. Ma médecine en vaut bien une autre. Pour en avoir même le ton, je dirai : *Sublata causa tollitur effectus.* La corruption, ce malheureux partage de notre vilaine existence, augmente au point de la finir tout à fait. Tout y porte malheureusement : les éléments même y contribuent, excepté un seul, qui purifie. Il faut bien travailler contre l'eau surtout, se sécher souvent et préserver les pieds et les jambes; car c'est par là que bien des gens périssent. Il faut bien prendre garde aussi à ne pas laisser son vêtement à terre : on meurt en détail de l'humidité et du froid. J'ai vu souvent mourir de chaud subitement, mais c'est à cause de ces infâmes guêtres que nous avions et de tous ces désolants ligaments.

Que de rapports! que de détails! que d'épreuves à faire! Qui sait, par exemple, que le linge des femmes est pernicieux? C'est un animal immonde dont il faut se garantir même dans sa bienfaisance. On voit nos dames en temps de guerre faire de la charpie. Eh bien! au lieu de guérir, c'est le poison qu'on introduit dans la plaie. J'ai demandé si c'était peut-être le temps d'une santé déréglée (ou bien réglée, comme on voudra l'appeler), si c'était celui des accidents auxquels un mari ou un amant les rend sujettes. « Dans tous les temps », m'a dit l'habile homme qui en a fait l'expérience. En tout, je ne sais pas si l'usage trop fréquent de la charpie est un abus, car il me semble qu'elle empêche les chairs de se rejoindre.

C'est du physique que tout cela. Veut-on du moral? En voici. Qu'on ne gronde point, qu'on ne fatigue, qu'on n'humilie personne, qu'on ne tourmente pas : les officiers molesteurs peuvent très bien déranger la santé. De la gaîté, cela est bon pour tout, cela est bon dans tout et en tout.

O Nature! Nature! C'est vous qu'il faut rechercher, c'est vous à qui les grands miracles sont réservés. N'est-il pas juste que ce soit elle qui raccommode ce qu'elle a dérangé? Le soldat l'a aidée à ce dérangement. Il faut que le colonel, le capitaine, et, s'il le faut absolument, le chirurgien, l'assistent dans cette réparation : il ne s'agit que de la seconder. Pourquoi les drogues de l'Amérique, les demi-poisons qui souvent en deviennent tout à fait? Pourquoi tant de frais? Imitons les chiens, qui cherchent dans la prairie et qui y trouvent ce qu'il leur faut. Imitez presque tous les autres animaux. Le remède est (j'ai cette bonne idée de la Providence) dans la même partie de l'Europe que le mal.

Que deux chirurgiens (il y en a dix-huit) ne soient que des herboristes, ou herboriseurs, ou botanistes; qu'on leur apprenne à connaître les simples. Que deux chirurgiens ne soient que des apothicaires, qu'ils fassent les préparations, qu'ils achètent la matière première; on évitera ainsi les comptes et les quiproquos de ceux de la ville. Que deux autres soient employés à guérir, ce qui, au lieu de donner la vie, donne si souvent la mort. Qu'il y ait encore des surnuméraires de ces trois talents-là, en cas qu'il y en ait de malades. Que deux autres soient habiles dans les maladies des os, deux au moins anatomistes; deux excellents pour les blessures. Que les autres veillent aux hôpitaux, et, indépendamment de ce talent de discipline, qu'ils aient des connaissances et surtout de l'humanité. Un chirurgien-major qui soit assez savant pour savoir qu'il ne sait rien, mais qui soit bien élevé, bien instruit, philosophe presque, beaucoup d'expérience, encouragé par de bonnes récompenses dans sa vieillesse, qui fasse de bons bandages pour les ruptures, qui soit le confident et l'ami des soldats : je parie ma tête, avec tout ce que j'écris ici depuis une heure et de tout mon cœur, qu'il n'y aura jamais plus de dix malades, un jour portant l'autre, à l'hôpital, et que l'hôpital ne coûtera pas cinquante ducats par an.

Point tant de mercure, employé si légèrement, qui fait

plus de mal que le mal même, et plus de précautions dans la manière de l'administrer. Point tant de sublimé corrosif. Beaucoup d'eau en dehors et en dedans, des bains et de la tisane.

Les pauvres malheureux ont bien de l'avance sur nous pour la guérison : ils sont toujours en régime.

Qu'on visite les femmes et les filles du régiment, que les chirurgiens des villes, menés par les curés même, s'il le faut, qui devraient en faire une fonction pieuse, visitent les femmes et les filles un peu pauvres de leurs paroisses. Sous prétexte que ce soit pour la sûreté et la santé des mariages, qu'on ne devrait pas permettre sans cela, et à l'abri de la sainte sévérité d'un sacrement qui devrait être aussi charmant qu'il est sacré, on assurerait les amours des citoyens et des militaires. On ne les y encouragerait pas pour cela, mais il me semble que, tant qu'on n'arrêtera pas ce penchant si doux, reçu en naissant et mis en valeur quatorze ans après, on doit l'empêcher de faire au moins d'autre mal encore que celui de la société qu'il dérange quelquefois. C'est du bas souvent qu'il arrive; il monte quelquefois jusqu'à la Cour. Si, dans tous les étages, les rangs et les pays, on prenait ces précautions, on verrait les roses et les lis à leur place. Le paradis terrestre serait partout : car on aurait chassé le serpent.

## DES HOPITAUX

Il pourrait y avoir le plus beau règlement du monde là-dessus et l'on pourrait y faire des dépenses exorbitantes, que l'on manquerait souvent à ce qui est le plus nécessaire. Il est très malsain de coucher deux lorsqu'on se porte bien. Cela devient mortel lorsqu'on est malade. On en revient, heureusement pour l'humanité. Quel spectacle affreux, pour un malade, de tourner ses yeux à demi éteints vers un camarade expirant à côté de lui de la même maladie !

Il s'y passe des duretés bien incroyables. Souvent, en visitant, on me dit, dans la langue du malheureux que les chirurgiens condamnent, qu'il mourra le soir, et un petit rideau que l'on place un instant après au pied du lit est l'étendard de la mort. C'est là le champ de bataille où il périt plus de monde que dans les combats. C'est à faire transporter les malades, c'est à les charger en pile sur des chariots où ils le deviendraient s'il ne l'étaient pas, qu'on leur ferait passer la moitié de la campagne. On craint que l'ennemi ne les prenne. Quand même cet ennemi serait le peuple des Caraïbes ou des anthropophages, il ne choisirait pas ce moment-là. Outre les représailles d'humanité que les deux armées se rendraient mutuellement, intérêt même à part, qui peut douter que l'ennemi vaincu, et la preuve de la gloire du vainqueur, ne cesse d'être ennemi dès que sa prise même atteste sa puissance ? Les arbres d'une forêt frappés par la foudre étaient même sacrés chez les païens.

C'est en hôpitaux qu'il ne faut ni entreprise, ni administration générale. Que toutes les maisons auprès du camp soient retenues pour les malades de chaque régiment. Que les généraux étalent, s'ils veulent, dans les camps, la pompe de Darius, qu'ils élèvent jusqu'au ciel des pavillons d'or et d'azur; mais qu'ils laissent les villages à des gens souvent plus utiles qu'eux. Qu'il y ait à chaque hôpital, pour trois régiments, trois tableaux; qu'il y en ait ensuite trois autres du nom de la blessure ou de la maladie, et du régime ou du traitement. On verra aisément la dépense et l'emploi. Pourquoi y employer des infirmiers ? Si ce sont de jeunes gens, ils seront durs et sont faits pour aller se faire blesser eux-mêmes ou en blesser d'autres. S'ils sont vieux, ce sont des espèces de vieilles gardes-malades qui leur donnent tout ce qu'ils demandent à l'insu du chirurgien-major. Qu'on tire parti d'une classe de gens, ou ridicules, ou nuisibles, ou inutiles pour le moins.

Ce serait l'affaire de capucins qui camperaient au quartier-général à côté des vivandiers, en attendant qu'ils fussent envoyés aux hôpitaux où ils seraient nécessaires. Il serait assez bizarre de les y voir travailler de tout leur cœur, leurs robes troussées dans leurs poches, et peut-être que le premier signe de convalescence des malades serait de rire de cette bizarrerie.

## DES CRITIQUES

Je vois toujours ces malheureuses gens s'élever et dire : « Que cela est petit ! C'est bon tout au plus pour un régiment. » Ce que je propose pour un peut servir pour une brigade, un département, une aile même, si le besoin l'exigeait ; mais il n'est pas à supposer que l'ordonnance de l'ennemi ou un quart de lieue seulement qu'il occupe exige partout les feux, les masses, les colonnes et les ordres dont je parle. C'est quelquefois un régiment qui gagne une bataille : c'est au jugement à choisir ; c'est au courage à exécuter.

Qu'on fasse une épreuve et qu'on se venge sur tous les auteurs militaires vivants de toutes les extravagances que les morts nous ont fait dire. Qu'on leur donne un petit corps à commander. J'aimerais mieux leur voir faire des sottises dans les plaines d'exercice que de leur en voir écrire dans leur cabinet. Les unes feraient rire et les autres font bâiller.

FIN

# TABLE DES MATIÈRES

BIBLIOTHÈQUE NATIONALE R.F. PARIS

Paris et Limoges. — Imprimerie militaire Henri Charles-Lavauzelle.

www.ingramcontent.com/pod-product-compliance
Ingram Content Group UK Ltd.
Pitfield, Milton Keynes, MK11 3LW, UK
UKHW031918260826
14628UKWH00003B/1279

9 782014 032024